STUDIES BY SAMUEL HORODEZKY

JEWISH PHILOSOPHY, MYSTICISM AND
THE HISTORY OF IDEAS
Classics of Continental Thought

STUDIES BY SAMUEL HORODEZKY

Edited by

Steven T. Katz

ARNO PRESS

A New York Times Company
New York • 1980

Publisher's Note: This book has been reprinted from the best available copy.

Editorial Supervision: Doris Krone

Reprint Edition 1980 by Arno Press Inc.

JEWISH PHILOSOPHY, MYSTICISM AND THE HISTORY OF IDEAS Classics of Continental Thought

ISBN for complete set: 0-405-12229-2
See last pages of this volume for titles.

Manufactured in the United States of America

Library of Congress Cataloging in Publication Data

Horodezky, Samuel Aba, 1871-1951.
   Samuel Horodezky.

   (Jewish philosophy, mysticism and the history of ideas)
   Contains a reprint of the author's Rabbi Nachman von Brazlaw, originally published in 1910 in Berlin by Poppelauer, and a reprint of Mystisch-religiöse Strömungen unter den Juden in Polen im 16.-18. Jahrhundert, originally published as the author's dissertation in Bern in 1912.
   1. Naḥman ben Simḥah, of Bratzlav, 1770?-1810?
2. Hasidim--Ukraine--Biography. 3. Rabbis--Ukraine--Biography. 4. Hasidism--Poland. 5. Judaism--Poland.
I. Horodezky, Samuel Aba, 1871-1951. Mystisch-religiöse Strömungen unter den Juden in Polen im 16.-18. Jahrhundert. 1979. II. Katz, Steven T., 1944- ed. III. Series.
BM755.N25H67 1979   296.8'33   79-51391
ISBN 0-405-12233-0

CONTENTS

RABBI NACHMAN VON BRAZLAW

Rabbi Nachman von Brazlaw

Beitrag

zur Geschichte der jüdischen Mystik

von

S. A. Horodezky

Berlin 1910

Verlag von M. Poppelauer.

Gott ist die Lebenskraft des Alls und die Seele aller Seelen.
Die ganze Welt ist Seiner voll und alle Räume füllt Er.
Alles ist Offenbarung Gottes. Oben und Unten: alles — eine Einheit.
Also, wenn du die Welt schaust, schaust du Gott
Und Er schaut dich.

Und du, o Mensch, der du einen Teil Gottes in dir birgst,
Vereinige dich beständig mit dem All,
Mit Gott.
Immer sollen deine Gedanken an Gott haften.
Und sollst suchen, deinem Schöpfer gleich zu werden, heilig und rein
[zu sein
In Tun und Denken.

(Rabbi Israel Baal-Schem.)

Inhalts-Uebersicht.

I.

Noch bevor in dem großen deutschen Kulturvolke der Kampf des Herzens gegen den Intellekt, des Gefühls gegen die Vernunft entfacht wurde, noch bevor die großen deutschen Romantiker „Sehnsucht nach Gott" empfanden, in ihrer Liebe zu dem „Namenlosen" und in ihrem „Streben nach dem Unerreichbaren" die mittelalterliche Religion und die ihr innewohnende Mystik herbeisehnten, regte sich bereits in der kleinen jüdischen Welt eine ähnliche geistige Erscheinung, eine Überhandnahme des Herzens, des religiösen Empfindens über die sinnliche Wahrnehmung. Das Bedürfnis nach der religiösen Mystik und der mit ihr verbundenen Phantasie machte sich bereits hier geltend. Es entstand der Chassidismus des Bescht[1]) (1698).

Infolge der strikten Linien, welche die Rabbinen um die Befolgung der verschiedenen Gesetze gezogen und dadurch das Maß ihrer Wirksamkeit überschritten haben, war jede zartere Regung des religiösen Gefühls und der Poesie im Keime erstickt. Das monotone Zeremoniell verknöcherte die Herzensempfindung, welche für die Mystik im Judentum empfänglich war, sodaß der nun aufkeimende Chassidismus auf der einen Seite einen furchtbaren Kampf gegen die versteinerte Gesetzeslehre zu führen hatte, während er auf der anderen

---

[1]) Bescht = Bal schem tow, Mann des guten Namens, Schöpfer des Chassidismus. Siehe S. A. Horodezky: Rabbi Israel Bal-Schem. Berlin 1909.

Seite beim Volke nur die einfühligen Saiten des Herzens auf-
ziehen mußte, um die seit jeher im Verborgenen schlummernde
Sehnsucht nach den reizvollen, poetischen Mysterien im Judentum wachzurufen.

Während aber die religiöse Romantik in Deutschland nur
vereinzelte Vertreter im Volke fand, das Gros des Volkes hingegen für dieselbe kein Verständnis hatte, hat die jüdische Romantik, der Chassidismus, mit überraschender Geschwindig-
keit eine große Umwälzung bei den Massen hervorgerufen. Die
jüdische Seele ist geradezu prädestiniert für das gefühlsmäßige
Anschauen. Es liegt in ihrer geistigen Veranlagung, sich in die
tiefsten Tiefen des Gemüts, der höchsten Wahrheiten zu ver-
senken. Verschiedene Zufälle, deren eingehendere Behand-
lung hier nicht am Platze ist, verursachten eine Überbürdung
des Volkes mit allerhand schwierigen Studien und vielen be-
lastenden Gesetzen, welche für gewisse Zeiten die Intuition
und Gefühlskontemplation im Volke verdrängten. Aber es bedurfte nur einer kleinen Anregung, eines winzigen Versuches,
den ungeheuren Zaun der Gesetzesvorschriften zu durch-
brechen, um sofort die Zustimmung und Teilnahme vom Gros
des Volkes zu finden.

Es ist eine unrichtige Generalisierung von denen, welche
dem Judentum überhaupt jedes Verständnis für die Mystik absprechen. Man meint: „Die israelitische Religion hat und
kennt keine Geheimnisse, keine Mysterien."[1]) Das trifft
nur bei dem offiziellen Judentum zu, bei dem der Gesetze, bei der Geistesaristokratie im Judentum. Dort
herrscht „Die Unterwerfung des Gefühls unter die Vernunft."[2]) Die Mehrheit des jüdischen Volkes zieht entschieden
das gefühlvolle Mysterium vor. Dafür sprechen die Prophetie,
Agada, die Kabbala und der Chassidismus. Die Mehrheit des
jüdischen Volkes kennt nur diese Religion des intuitiven

---

[1]) L. Philippson: Israelit. Religionslehre I. 34. Leipzig 1861.
[2]) Ambrosius: Von den Pflichten der Kirchendiener. I. 119.
zit. v. Chamberlain: Grundlagen. München 1903.

Empfindens, für welche die Worte Schopenhauers zutreffend sein mögen: „Religion ist die Metaphysik des Volkes." Der Chassidismus befriedigte die sehnsuchtsvollen Erwartungen des Volkes und zog es an, sodaß es die Rabbaniten und das von ihnen geleitete Studium verließ, um zum Chassidismus überzugehen.

Die Wiege des Chassidismus stand in dem Woliner Kreise, dem auch die Ukraine und Podolien beigezählt werden. Dort lebte und wirkte der Begründer des Chassidismus, der Bescht. Er bereiste selbst das ganze Gebiet und verpflanzte dort seine Lehre, welche die Grundprinzipien des Chassidismus bildete. In anderen Orten verbreiteten dann seine Schüler die Lehren des „Meisters". In dem erstgenannten Kreise errang sich der Chassidismus sehr schnell eine feste Position.

Nach dem Tode des Bescht und seines unmittelbaren „Nachfolgers" Rabbi Ber aus Mezeritsch sowie seines hervorragenden Schülers Rabbi Jakob Josef, des Apostels des Chassidismus, begann dieser in den genannten Orten eine andere Form anzunehmen. Eine Form, welche sich wesentlich von der des ursprünglichen Begründers unterschied. Das Gefühl nahm allzu sehr überhand, der Chassidismus wurde übermäßig populär, der gerade Gegensatz des ersteren, in welchem wohl das Gefühl überwog, dem aber dabei die verständnisinnige Vertiefung nicht entging, welche den Reiz erhöhte und das Interesse wach erhielt.

Eine derartig religiöse Strömung kann unmöglich ohne das nötige Maß von Tiefe und geistigem Inhalt bestehen, oder sollte lieber gar nicht bestehen. Der Chassidismus strebte ebenso wie die religiöse Romantik in Deutschland zu einer Vereinigung der Vernunft mit dem Gefühl, wobei erstere dem letzteren stets helfend zur Seite stehen soll.

Die religiöse Romantik in Deutschland fand in Schleiermacher den Verfechter des religiösen Mystizismus, dessen Gotteserkenntnis nicht auf Verstand und rationalistischem Erfassen oder auf ethischer Grundlage wie bei Kant basiert, sondern der gestützt auf die Philosophie Spinoza's im Gefühl und

im Herzen den Ursprung sucht.[1]) Seine religiösen Gefühle
waren derart stark ausgeprägt, seine Sehnsucht nach dem
„Endlosen" und die religiöse Mystik erfüllten ihn so sehr, daß
er die Philosophie der Religion und der in ihr enthaltenen
Mystik unterordnete, indem er ausführte: „Jede Philosophie
führt denjenigen, der so weit sehen kann und so weit gehen
will, auf eine Mystik."[2]) All das, wenn freilich in einer anderen
Form, fand die religiöse Romantik, der Chassidismus, bei Rabbi
Nachman von Brazlaw.

Le roi est mort, vive le roi! Ein Jahr vor dem Tode des
Rabbi Ber von Mezeritsch, des Nachfolgers vom Bescht, im
Jahre 1771, wurde Rabbi Nachman von Brazlaw in Miedziboz
(Gouv. Podolien) geboren. Sein Vater, Rabbi Simcha, entstammte
einer angesehenen Rabbinerfamilie, und seine Mutter Feige war
eine Enkelin des Rabbi Israel Bescht. Der junge Nachman befand sich so zwischen zwei großen Extremen. Auf der einen Seite
das Rabbinertum als Vertreterin des Talmudstudiums, auf der
anderen Seite die Kabbala, die mystische Geheimlehre, der
Chassidismus. Zwei Richtungen, die einander überaus feindlich gegenüberstanden und sich mit verschiedenen Mitteln be-
fehdeten, suchten gleichzeitig auf das zarte, empfindsame Gemüt des jungen Nachman einzuwirken, bis endlich die letztere,
die mystische, überwog. Sei es, daß der gewaltige Reiz dieser
Geheimlehre mit ihren Verlockungen für das Erkennen und
Anschauen des Tieferen, einem Laien Unzugänglichen, das
Herz des jungen Nachman gewonnen hatte, oder, was viel
wahrscheinlicher ist, daß der Einfluß der Mutter hier den Ausschlag gab. Seine Mutter nahm eben im Gegensatz zu seinem
Vater, der nicht über den Rahmen eines einfachen, bescheidenen

---

[1]) Windelband: Gesch. d. Philosophie II. S. 303. Leipzig 1907.
Vgl. Siebeck: Lehrbuch d. Religionsphilosophie. 1893. S. 226.

[2]) Schleiermachers Leben in Briefen. Bd. IV. S. 73. Vgl.
M. Isserls (רמ״א) (1520) „Thorat haolah". III. T. Kap. 4. „D. Philosophie und
die Kabbala sind eins und dasselbe, sie sprechen nur in verschiedenen
Sprachen".

Bürgers hinauskam, eine angesehene Stellung in den Kreisen des Chassidismus ein.

In einer Volksbewegung, wie diese es war, durfte auch die Frau oft mitwirken, während sie früher aus dem Lager der Rabbinen ganz verbannt war. Wir begegnen sogar Frauen, die führende Rollen im Chassidismus hatten. So war eine bekannt unter der Bezeichnung „Die Ludmerer Moid", eine Art „Jungfrau von Orleans" des Chassidismus. Diese erfreute sich eines derartigen Rufes, daß viele Chassidim zu ihr wallfahrteten, um aus ihrem Munde die Lehren des Chassidismus zu vernehmen.[1]) In diesem Lager bekam die Frau zum erstenmal die Gleichberechtigung. Sie durfte nun auch dem „Zaddik"[2]) ins Antlitz sehen, sogar mit ihm sprechen, wie ein Mann, ja sie bekam auch die feminine Bezeichnung „Chassida".[3])

Die Mutter des Rabbi Nachman gehörte nun zu jenen Frauen, welche regen Anteil nahmen an der Entwicklung des Chassidismus. Alle hervorragenden, zeitgenössischen „Zaddikim" wußten ihren klaren Verstand und ihren Scharfsinn zu schätzen.

In noch größerem Maße als seine Mutter konnten ihre beiden Brüder, Rabbi Mosche Chaim Efraim und Rabbi Baruch, die Erziehung des jungen Nachman beeinflussen. Ersterer durch sein Sich-Vertiefen in den Chassidismus, letzterer durch sein selbstbewußtes Auftreten und durch seine Art, über alle anderen hinwegzusehen. In diesen Eigenschaften übertraf später der Zögling seine Meister.

Rabbi Nachman wurde in einem extremen Chassidismus erzogen. Die Sage erzählt, daß er schon im Alter von 6 Jahren die Großen seiner Umgebung beneidet hatte, weil sie imstande waren, die Gebete mit selbstloser Begeisterung vorzutragen. Er begann sich durch Fasttage zu kasteien, und als er es für die Dauer nicht ertragen konnte, da begann er Nahrung zu sich zu nehmen, aber nur, um sie rasch zu verschlucken, da er sonst

---

[1]) S. A. Horodezky: „Ludmirskaja diewa" in d. russ. Ztschr. Jewrajskaja Starina. Bd. II.

[2]) Der Gerechte. So wird der Rabbi der Chassidim genannt.

[3]) Die Fromme.

durch die Geschmacksempfindung den Genuß seines irdischen Daseins erhöhen könnte. Er erzählt selbst, daß er als kleines Kind bereits „gottesfürchtig" sein wollte. Er wollte die Heiligkeit, welche dem Empfange des Sabbats eine ganz besondere Weihe verleihen soll, selbst wahrnehmen. Er unternahm zu diesem Zwecke, am Vorabend des Sabbats, gleich nach Mitternacht rituelle Waschungen, legte dann Sabbatgewänder an und eilte ins Bet-hamidrasch, dessen Räume er in raschem Hin- und Herwandeln zu durchmessen begann, um nur diese Heiligkeit des Sabbats zu erfassen, um der verklärenden Seelenstimmung, der „Seelenerweiterung" teilhaftig zu werden, er wollte überhaupt etwas schauen, allein all sein Sehnen und alle seine Vorbereitungen waren vergebens, er sah nichts.[1]

So sehr stand er unter dem Einfluß der ihn umgebenden Atmosphäre. Der sechsjährige Junge, der von Natur aus munter und heiteren Sinnes war, der sich ganz ausgelassen dem Spielen, Herumspringen und vergnügten Spaziergängen ergab, stand dann so weit unter dem Eindrucke des Chassidismus, daß er schon Sehnsucht nach dem Gotterfassen, eine tief eingewurzelte Liebe zur Heiligkeit der Religion, ein Verlangen nach dem Unfaßbaren empfand.

Auch im Studium war er übermäßig fleißig. Er veranlaßte seinen Lehrer, indem er aus eigenen Mitteln den vom Vater entrichteten Lohn erhöhte, daß er mit ihm über die festgesetzte Zeit hinaus arbeiten möchte. Und auch vom „Cheder"[2] weiß die Sage zu erzählen, daß er selbst da stets danach strebte, sich Gott vorzustellen, um den Ausspruch zu befolgen: „Ich wähne mich immer Gott gegenüberstehend."[3]

Nach seiner Rückkehr aus dem „Cheder" liebte er dann gewöhnlich die Einsamkeit. Er hatte sich am Dachboden seines Vaterhauses einen Winkel auserkoren, der ihn den Beobachtungen der Mitmenschen entzog, und da ersann er in seinem kindlich naiven Gemüte ganz eigenartige Gebete, die er aus

[1] Rabbi Nathan: Chaje Mah'ran. II. T.
[2] Die jüdische Kinderschule.
[3] Rabbi Nathan: Schwoche Mah'ran. S. 4.

Herzenstiefe zu Gott emporschickte. Welche Fülle von Naivität gepaart mit glühender Sehnsucht, dasjenige mit geistigem Auge zu erfassen, was dem physischen Auge versagt ist. Sehr oft begab er sich auf das Grab des Bescht, seines Großvaters, ja er scheute sich nicht, selbst in der Nacht dasselbe aufzusuchen, um mit seinem Großvater eine Unterredung zu pflegen.[1]) Wir sehen nun, wie die Phantasie des Chassidismus die Jugend des Nachman zu schildern suchte, wie erfindungsreich sie war, um ihn mit einem schönen Märchenkranz zu umgeben, hauptsächlich seine Kinderjahre mit fast übernatürlichen Fähigkeiten und Eigenschaften zu schmücken.

Im Alter von 14 Jahren heiratete er die Tochter eines reichen Mannes aus dem Dorfe Husiatyn[2]) in Rußland und schlug im Hause seines Schwiegervaters seinen Wohnsitz auf. Da traf er die Vorbereitungen für seine zukünftige Stellung, die er später als Erneuerer des Chassidismus und Führer der Chassidim bekleidete.

Er entschloß sich nur sehr schwer dazu, diesen Weg einzuschlagen. Mehrmals verfiel er von der eingeschlagenen Richtung wieder in die ursprüngliche Lage, aus der er nur mit großer Überwindung und nach schwerem inneren Kampfe herauszutreten vermochte.[3])

Rabbi Nachman hat seine Mission weder von seinen Eltern noch von seinen Lehrern übernommen. Er selbst begann aus sich heraus den neuen Weg des Chassidismus zu gehen. Er setzte der Annahme seiner zeitgenössischen „Zaddikim“, daß die vom Himmel nur dem „Zaddik“ verliehene „erhabene Seele“ sein eigentliches Wesen ausmache, spottend die Behauptung entgegen, daß es an dem Menschen selbst sei, sich eine gute oder schlechte Seele auszubilden. Alles hat in seinen persönlichen Eigenschaften und in seinen Handlungen den eigentlichen Grund, und jeder einzelne kann es ganz weit bringen, kann die hohe Stufe emporklimmen.[4])

[1]) a. a. O. S. 20, 38.
[2]) Gegenwärtig Stadt Husiatyn im Gouv. Podolien.
[3]) Rabbi Nathan: Schwoche Mah'ran. S. 16.
[4]) a. a. O. S. 52.

Dort in Husiatyn bezeichnete sich Rabbi Nachman endlich seinen Weg, den er einschlagen wollte. Dort vertiefte er sich
in das Studium der Bibel und des Talmud, der alten Kabbala
und der des Rabbi Izchak Lurja und der Ethik. Er übernahm
nächst der Lehre des Rabbi Lurja auch seine praktische Methode der körperlichen Kasteiungen und Verringerungen der
Lebensgenüsse.[1]) Er fastete oft von Freitag bis Freitag, sodaß
er im Laufe des Jahres achtzehnmal diese Kasteiung vornahm.
Die Sage entzieht ihm hier in Husiatyn alle menschlichen Begierden, selbst die mit den ehelichen Pflichten verbunden sind,
und legt ihm auf der höchsten Stufe der Verklärtheit den Ausspruch bei: „Ich kenne keinen Unterschied zwischen Mann und
Weib[2])“.

II.

Rabbi Nachman faßte von neuem alles an der Wurzel an.
Ihm genügte nicht der Chassidismus wie er war, er wollte alles
frisch auf den Ursprung prüfen, um dann aus eigener Erkenntnis den geeigneten Weg zu wählen.

Er ergab sich nun in seinem Aufenthaltsorte immer ein-
gehender dem Studium der Kabbala, welche sein Gemüt anzog.
Aber für die Dauer regten sich in ihm Zweifel, weil sein
Wissensdrang nicht befriedigt wurde. Er mußte sich dann
endlich eingestehen, daß sein Gott-Schauen der Kabbala nur
durch ein mattes Spiegelglas geschieht. Und er begann sich
nach anderen Wegen umzuschen. Er empfand das bis dahin
ungestillte Bedürfnis nach jenem „Unerreichbaren“, nach dem
„anderen Gotte“. Es wollte ihm namentlich die Lehre von
der Selbstkontraktion der Gottheit nicht einleuchten. Er konnte
nicht begreifen, warum Gott sich erst zusammenziehen mußte,
um die Schöpfung des Universums zu ermöglichen. Es mußte
also die Unendlichkeit eingeschränkt werden, um der End-
lichkeit der Welt und den in ihr lebenden Wesen Platz zu

---

[1]) s. Rabbi Chaim Vital in seiner Vorrede zu „Ez chaim“ Sedilkow 1817.
[2]) Rabbi Nathan: Chaje Mah'ran. II. T. S. 2.

machen. Es mußte nun, so sagte sich Rabbi Nachman, einen
Raum geben, über den sich die Gottheit nicht erstreckt, was
eigentlich unmöglich ist, denn außerhalb Gottes gibt es nichts.[1])
    Gott und die Welt! Diesem Dualismus begegnen wir bei
allen drei positiven Religionen. Er hat sowohl dem alten Testament wie auch dem neuen und dem Koran seinen Stempel aufgeprägt.
    Das Judentum hat zunächst die Einheit Gottes anerkannt.
Aber sein Gott ist der die Welt von außen umfassende Geist,
er befindet sich über der Welt, „Gott ist am Himmel und du
auf der Erde". Er umfaßt aus den höheren Sphären die unteren
Regionen. Dieser Gedanke der Absonderung, der Ausschei-
dung Gottes aus der Welt des offiziellen Gesetzesjudentums
bildete dann allmählich den Kern der christlichen und auch der
mohamedanischen Religion.
    Wir heben nun das offizielle Judentum hervor, weil es
eigentlich noch eine religiöse Strömung im Judentum gab und
sogar noch gibt, welche, im Gegensatz zu der früher erwähnten,
einen ganz anderen Gottesbegriff hat. Da fließt Gott und Welt
zusammen. Aus jedem einzelnen Wesen spricht Gott. Gott ist
vereint mit allem, was im Himmel und auf Erden vorhanden
ist. (Pantheismus.)
    Diese religiöse Gefühlsströmung im Judentum zieht sich
durch unsere Geschichte, die Zeit der Propheten, die 'Agada
und Kabbala hindurch bis zum Chassidismus.
    Das offizielle Judentum, das mosaische Judentum baut die
Religion auf Befolgung der Gebote und Gesetze auf, schaut zum
Himmel, als zu dem Sitz Gottes empor und schaltet ihn von der
Welt aus. Gottesdienst auf diese oder andere Art verrichtet,
soll eine Annäherung an Gott ermöglichen. Eine Gotteserkenntnis, die im besten Falle Ehrfurcht eher als Liebe hervor-
bringt, erzeugt Kulte und Gesetze als eine Art Vermittlungs-
und Versöhnungsaktion zwischen dem unteren Mensch-Diener
und dem oberen Gott-Herrn.

---

[1]) Rabbi Nachman: Likute Mah'ran. Bd. I. S. 128. Ostrau 1815.

Die Priester und Könige verschanzten sich immer hinter eine Menge von Gesetzen und entwickelten so diese Art von Judentum, welche dann die talmudischen Gesetzesinterpreten, die Gaonen und Rabbaniten, mit Hilfe einer umfangreichen rabbinischen Fachliteratur fortzuerhalten suchten.

In die Anfangszeit der Entwicklung dieses geschilderten Gesetzesjudentums fällt aber das Aufkeimen des anders gearteten Judentums, dieses des Gefühls und des Herzens. Dieses neue Judentum hat, wenn man so sagen kann, einen anderen Gott, für den es auch einen ganz anderen Dienst zurechtsetzt. Sein Gott ist nicht außerhalb der Welt, sondern mitten in der Welt. „Seine Herrlichkeit erfüllt die ganze Welt." Er offenbart sich in jedem Wesen. „Er belebt alles." Er trägt auch kein Verlangen nach speziellen, nur ihm zugedachten, gesetzlichen Verrichtungen. Er findet an allem Gefallen, denn er selbst ist alles und in allem. Er ist nicht eifervoll und rachsüchtig. Schaut nicht von seiner erhabenen Höhe auf dich herab. Er ist eher barmherzig und gnädig, stets bei dir. Er nimmt Anteil an all der Freud' und dem Leid, das dir zustößt.

Dieser Gedanke bildet den roten Faden, der sich durchs ganze Gefühlsjudentum hindurchzieht. Er spricht uns schon bei den Propheten[1]) an und vollends noch deutlicher ausgeprägt bei den Agadisten und Kabbalisten. Der Chassidismus trägt aber in klarer Form und durchwegs detailliert das vor, was namentlich aus der mysterienreichen Kabbala etwa verschleiert hervorkommt.

Es gibt zwei Arten von Pantheismus. Während der mehr materielle eines Spinoza „deus sive natura" die Natur mit ihren logisch-mathematischen Gesetzen Gott überordnet, alles in der Welt nach strikten, unabänderlichen Gesetzen geschehen läßt und Gott all dem macht- und willenlos gegenüberstellt, setzt der idealistische Pantheismus „natura sive deus" Gott als den

---

[1]) Siehe: K. Marti: Gesch. der isr. Religion. S. 144—145. 160—164. Straßburg 1907.

Derselbe: Die Religion des alten Testaments. S. 47, 60—61. Tübingen 1906.

höchsten Machtfaktor über die Natur ein. Alles entsteht und vergeht, lebt und entwickelt sich nach seinen Vorschriften. Diese zweite Art bildet die Grundlage für das Gefühlsjudentum. Es leuchtet ja übrigens von selbst ein, daß ein derartiges Judentum der Poesie und der Mystik, allen ehernen Gesetzen abhold ist. Es will eher Zeuge sein der freien Entwicklung und Vervollkommnung eines jeden Wesens, welches nach seiner Ansicht lebt und den Lobgesang ob seines Vorhandenseins ertönen läßt. Ja freilich, die Planetenwelt hat feste Gesetze, aber auch in dieser gibt sich der freie Wille Gottes kund. Er kann, so er will, die ganze Ordnung umstoßen.

Speziell im Chassidismus hat dieser idealistische Pantheismus Wurzel gefaßt.

Der Schöpfer des Chassidismus, der Bescht, hat aus jedem Gräschen des Feldes, aus jedem Waldblümchen, aus jedem aufkeimenden Wesen der Natur, Gott herausgesehen. Jahrelang durchstreifte er einsam das weite Karpathengebirge, und dort, in den geräumigen, Erfrischung spendenden Gegenden, hat sich ihm Gott gezeigt, Gott der Natur, Gott der bestehenden Geschöpfe. Dort wurde ihm das Geheimnis offenbart: „Der Geist Gottes umfaßt alle Welten. Jedes Gewächs verkündet es laut; alles was in der Welt erschaffen wurde, es mag nach menschlichen Begriffen gut oder schlecht sein, so es sich nur in dem Schaffenskreise, am Himmel oder oberhalb des Himmels, auf der Erde oder unterhalb der Erde befindet, alles was wir mit unseren Augen sehen, oder was sich unserem Gesichtskreis entzieht, alles umgibt eine einzige Einheit."[1])

Man werfe nicht ein — sagt der Bescht vorgreifend —, daß es doch unmöglich zwei Gegensätze in einem Subjekte Gott geben könne. Oder selbst wenn wir anders fragen sollten: Wenn Gott auch das Böse und das Häßliche mit seinem Inhalt umfaßt, dann verliert ja der Begriff „Gott" als höchster Idealbegriff seinen wirklichen Wert?[2]) Dafür hat der Bescht seine Antwort bereit: Es gibt nichts absolut Böses, alles ist gut und

---

[1]) Bescht: Kesser schem tow. II. T. Lemberg 1858.
[2]) Külpe: Einleitung in d. Phil. S. 268 f. Leipzig 1907.

schön, und so das Böse Gutes verursacht, dann hört es auf Böses zu sein, es ist eben auch gut. „Das Böse ist die Unterlage für das Gute."[1])

Auch sein Enkel, Rabbi Nachman, hat in Wald und Feld, in Berg und Tal seinen Gott gefunden.

Er ließ die Bücher und die Kabbala und wanderte in den Wald hinaus, um in Nachdenken versunken, Gott zu suchen. Ihn suchend, bestieg er Berge, in geistige Betrachtung vertieft, und stieg, immerfort grübelnd, ins Tal hinab.

Die Sage läßt ihn oft einsam auf dem Gipfel eines hohen Berges nächst seinem Dorfe, stundenlang seinen Gedanken nachgehen. Er soll auch oft zu Pferd tief in den Wald geritten sein, um dann, das Pferd verlassend, lange Zeit hindurch dort sich seinen Betrachtungen zu ergeben, während das Pferd, herrenlos das Dorf aufsuchend, vor allen Leuten stumm resigniert über die Eigenart seines Herrn klagte. Im Sommer fuhr er auch oft in einem Boote weit bis außerhalb des Dorfes, um dort, ganz in sich versunken, nachzudenken.[2])

Und die Natur eröffnete ihm eine ganz neue Welt. Sie gewährte ihm eine Lösung für seine Frage Gott und Natur, indem sie ihm in allem, was ihn umgab, Gott zeigte. „Gott ist in allen Dingen und in allen Handlungen, ja selbst in allen Gedanken enthalten." Er hörte wirklich aus allen Dingen Gott heraus, denn „seine Herrlichkeit erfüllt die ganze Welt".[3]) Er stellt sich einen Menschen vor und ruft ihm zu: „Mit dir, neben dir, bei dir ist Gott, denn seine Herrlichkeit erfüllt die ganze Welt. Er erfüllt die ganze Welt, er umgibt die ganze Welt, und es gibt keinen Raum, in dem er nicht vorhanden wäre." Er blickt auf die Erde, auf das Gras und auf jedes Gewächs und fühlt ihre Sehnsucht nach Gott heraus. Er hört die Harmonie ihres Lobgesanges. „Im Winter — erklärt er — seien alle Gräser und Gewächse tot, abgestorben, und der Sommer ruft

---

[1]) Rabbi Jakob Josef: Poras Josef z. Abschn. Lech lecha. Petrikow 1883.

[2]) Rabbi Nachman: Sichot Haran. S. 294. Warschau 1899.

[3]) a. a. O. S. 104.

sie wieder ins Leben zurück. Da ist es wieder schön im Felde
zu spazieren." Da „stimmt jedes Gräschen sein Lied zu Gott
an". In seiner verklärten Begeisterung ruft er aus: „Ach wie
schön und lieb ist es, ihren Gesang zu hören"[1]). Er beobachtet
die Natur und alle Geschöpfe, und in all dem ist der göttliche
Geist enthalten. Er breitet sich über all das aus in „sichtbarer
und unsichtbarer Form". Wir sehen nur das Äußere, während
wir das Innere nicht zu schauen vermögen."[2])

Rabbi Nachman sieht das ganze Weltall als einen lebendigen Organismus an. „All das nennt man Leben." Es blüht,
entwickelt sich und preist Gott im Liede. Auch in den hie und
da auftauchenden, bestimmten Gesetzen erkennt er den Willen
Gottes. Ja die Gesetze als solche sind Gott. „Die Natur selbst
ist ihre Aufsicht." Nach seinem Willen ist die ganze Welt und
jedes einzelne Ding erschaffen.[3]) Sein Wille ist nicht ein „un-
bewußter Wille" im Sinne Schopenhauers, sondern ein freier,
im Leben sich kundgebender Wille.

III.

Rabbi Nachman hat, gleich seinem Großvater und leuch-
tenden Vorbilde, nach der Zeit der Einsamkeit und der inneren
Geheimnis der göttlichen Harmonie abgelauscht hat, sein Volk
aufgesucht, um sich ihm mitzuteilen. Und wie sein Großvater, wandte er sich nicht an die Gelehrten, deren „Thora
ohne seelischen Kern" war, sondern direkt an die Massen
des Volkes. Und er erbot sich ihnen zum Wegweiser.
Er wollte ihr Auge sehen und ihr Ohr hören lehren,
damit sie nicht wie bisher interesselos an all dem vor-
übergehen. Er verließ also das Dorf, die Stätte der einsamen
Betrachtung, und suchte die Stadt auf, wo die einzeln herbei-
geschafften Erfahrungen in das Leben der Wirklichkeit übersetzt werden. Er ließ sich im Städtchen Medwiediewka

---

[1]) Rabbi Nathan: Alim litrufo. Briefe 102 u. 189. Berditschew
1896. — Rabbi Nachman: Sichot haran. S. 163.
[2]) Rabbi Nachman: Likute Mah'ran. I. T. S. 146.
[3]) Rabbi Nachman: Likute ezot. Abhdlg. Emuna. Warschau 1875.
Rabbi Nachman: Likute Mah'ran. I. T. S. 146.

- 18 -

nieder. Dort bekam er bald einen Anhang, der sich aus einem allmählich wachsenden Kreise von Bewunderern und Verehrern zusammensetzte. War ja seine ganze Art hervorstechend und sein Wesen markant, so daß er unbedingt an die Spitze der großen Pyramide im Chassidismus gedrängt wurde. Und je bescheidener er sich zurückzog, je entschiedener er die ihm angebotenen Gaben zurückwies, desto höher stieg er im Ansehen und desto eindringlicher wurden die Zureden, er möge doch für seine lichtvollen Vorträge und erhebenden Lehren irgendeinen Lohn annehmen. Doch tat er es nicht, so lange seine Barschaft, welche ihm seine Frau in der Höhe von 300 Rubeln mitbrachte, reichen konnte. Dann aber mußte er sich dazu, wenn auch mit innerem Widerwillen, bequemen.

In dem bezeichneten Städtchen weilte er bis zum Jahre 1797. Er erfreute sich eines weitverbreiteten Rufes, der ihm von weiter Ferner Leute zuzog, die aus seinem Munde die Lehren des Chassidismus empfangen wollten. Auch von Seiten der „Zaddikim" kam man ihm huldvoll entgegen. All das steigerte endlich sein Selbstbewußtsein und rief sein Eigenlob hervor. So erzählte er, der tote Bescht besuche ihn häufig, um sich mit ihm zu unterhalten[1]. Einem Rabbi gegenüber ließ er sich zu dem Ausspruch hinreißen: „Ich wünschte, daß du im Jenseits in die Lage kommst, den Sinn meiner Alltagsgespräche zu erfassen"[2].

Die breiten Massen begannen ihn zu apotheosieren und ihn mit dem Glorienschein eines Wundertäters zu umgeben. Bald wäre er auch zu der Durchschnittsstufe der „Zaddikim" seiner Zeit herabgesunken. Er merkte es bald an der Farblosigkeit des Chassidismus, an der Tatsache, daß er ganz gewöhnlich, ohne inneren Gehalt werde. Und er, Rabbi Nachman, der sich berufen fühlte, ein Erlöser des Chassidismus zu werden, er, der von der Geschichte des Chassidismus geradezu die Mission erhielt, die vorhandenen Schlacken zu entfernen, und der

---

[1] R. Nathan: Chaje Mah'ran. I. T.
[2] a. a. O. II. T.

großen Idee die innere Weihe zu verleihen, er durfte es nicht zulassen, daß er noch tiefer in den Schlamm der Oberflächlichkeit versinke. Mit seinem Argusauge vermochte er die düstere Wolke, die sich um seine Umgebung gezogen hatte, zu durchdringen und mit seinem klaren Verstande begann er auf Abhilfe zu sinnen. Es frommte ihm nicht, daß die Menge ihm zujubelte. Denn in seiner Aufrichtigkeit mußte er sich eingestehen, daß sie von den Wundertaten, gleich Lockmitteln angezogen werde, daß ihr aber jede gründliche Vertiefung, jedes richtige Verständnis für die rein religiöse Seite des Chassidismus abgeht.[1]) Und auf wessen Seite lag die Schuld? Auch hier traf er den Kern der Sache. Die ahnungslose Menge, welche von dem jeweiligen Zeitgeiste mitgerissen wird, könne keineswegs beschuldigt werden, wie Rabbi Abraham Malach[2]), ein Sohn des Rabbi Ber von Mezeritsch — er starb gleich nach der Geburt des Rabbi Nachman — stets klagte. Vielmehr diejenigen, welche vermöge ihrer Stellung richtunggebend sind. Der Bescht und die anderen „Zaddikim" hatten individuelle Arbeit verrichtet. Ihre Wirkungen gingen mit ihnen verloren. Sie haben es nicht vermocht, ihre Lehren mit Ewigkeitscharakter auszustatten. Sie haben sie nicht auf ihre Schüler und alle die von ihnen auf den richtigen Weg Geleiteten, vererbt, so daß der grausame, unerbittliche Tod nicht nur ihrem Leben, sondern auch ihrem Wirken ein Ende bereitet hatte.[3]) Nachdem Rabbi Nachman dermaßen die Ursache des Verfalls erkannte, beschloß er, die Axt an die Wurzel zu legen, um ein dauerndes Werk zu schaffen.

Als der einzig richtige Weg erschien ihm die Ausbildung von geeigneten Schülern, welche die Idee des Chassidismus von Geschlecht zu Geschlecht fortpflanzen sollten. Alle Schüler ohne Ausnahme sollen mitwirken. Denn nicht jeder Generation

---

[1]) a. a. O. I. T.
[2]) Einleitung zu seinem Buche „Chessed l'Abraham". Czernowitz 1850. Vgl. S. A. Horodezky: R. Abr. Malach im Sammelband „Hagoren". Bd. V.
[3]) R. Nathan: Chaje Mah'ran. II. T.

ist es vergönnt, einen „tüchtigen, aufrichtigen Führer" zu haben, der „vom heiligen prophetischen Geiste" angehaucht wäre. Es kommt auch vor, daß eine Generation einen „falschen Leiter" bekommt, der vom „lügnerischen Geiste der falschen Prophetie" beseelt ist und daher das ganze Volk von ihm zum „Ketzertum" verleitet werden könnte. Es müßte daher von den Chassidim selbst ein festes Band um den Chassidismus gezogen werden können, damit er im Innern die gehörige Reinheit bewahre und jeden unehrlichen Angriff von außen abwehre, für den Fall, daß ihnen ein geeigneter Führer abgehen sollte.[1])

Wie aber wäre diese ewige Verkettung der Lehren und der Schulen zustande zu bringen? Hatte doch der Chassidismus bereits an Form eingebüßt. Alles war verblaßt und die bisherige Literatur, die nicht viel mehr als die Bücher des Bescht umfaßte, wollte Rabbi Nachman in seiner Originalitätssucht nicht ganz zu Hilfe ziehen. Er stimmte übrigens auch nicht immer mit den Anschauungen des Bescht überein. Sie gingen in vielen Dingen auseinander. Als man von Rabbi Nachman sagte, er sei herumgereist, um die Schriften aus der Verlassenschaft des Bescht zu sammeln, soll er geäußert haben: „Ich habe gar kein Bedürfnis nach ihnen."[2]) Er mußte also frisch beginnen. Es galt den Chassidismus des Bescht zu erneuern und auf gefestigte Stützen zu stellen, damit er ewigen Bestand habe. Es mußte auch die Organisation des Chassidismus als solche umgestaltet werden.

Rabbi Nachman sah sich vor eine große, schwere Arbeit gestellt; er verspürte auch die geistige Kraft, welche zu derselben nötig war. Allein er zweifelte, ob er in seinen Jugendjahren — er zählte zu der Zeit 26 Jahre — den Kampf mit den alten, erbgesessenen Zaddikim und ihren Chassidim wird aufnehmen können, da erstere größtenteils nach seiner Ansicht nicht die geeigneten Führer abgaben und jedes noch vorhan-

---

[1]) a. a. O. I. u. II. T. Likute Mah'ran. II. T. S. 50.
[2]) R. Nathan: Hanesijah b'erez Israel. S. 10. Jerusalem 1904.

dene Restchen vom idealen Chassidismus eher vernichten als
entwickeln konnten. Denn damit die Arbeit richtig vor sich
gehen solle, mußte man vorerst erbarmungslos niederreißen,
was schädlich war, um frisch zu erbauen den Tempel für den Gott
des Chassidismus, oder, um seine eigenen Worte zu gebrauchen: „Ich muß durch wüste, unwegsame Strecken den
Weg ebnen. Ich muß die Jahrtausende hindurch bestehenden
Bäume hintereinander umhauen, um den Pfad gangbar zu
machen."[1]

Zu diesem Zwecke wollte er neue, gesunde Geisteskräfte
anwerben, die er in Palästina zu finden hoffte. Von diesem
Orte sagt die Kabbala: „Heil dem, der es zuwege bringt, bei
Lebzeiten den heiligen Boden aufzusuchen."[2] Dorthin strebten
die großen Gefühlsheroen Israels. Dort ruhen die Reste des an-
geblichen Gründers der Kabbala Rabbi Simon ben Jochai und
des Rabbi Lurja. Zwei Männer, welche dem Herzen des Rabbi
Nachman so nahe standen, daß er nicht eher ruhte, bis er ihre
Gräber aufsuchte, um mit ihnen wie mit irdischen Gefährten
zu verkehren. Und er brachte das zuwege, was sein Großvater (der Bescht) trotz eifrigsten Strebens nicht erlangen
konnte.

IV.

Im Jahre 1798, am Vorabende des Pessachfestes, eröffnete
Rabbi Nachman seinem Anhange, daß er in diesem Jahre die
Reise nach Palästina antrete, und er rüstete auch gleich nach
den Feiertagen zur Abreise. Er war sich wohl der vielfachen
Schwierigkeiten und Hindernisse bewußt, die ihm bevorstanden,
er war eben auf alles gefaßt. Seiner Frau, die sich der Reise
widersetzte und ihm vorhielt, daß sie mit ihren Töchtern ohne
Erwerbsquelle zurückbleibe, erwiderte er kurz: So lange ich
noch atme, will ich mich der Gefahr aussetzen und nach Palästina gehen. Du gehe als Köchin und die Töchter sollen als
Mägde in fremde Häuser gehen.

---

[1] R. Nathan: Chaje Mah'ran. II. T.
[2] Sohar Wajikra. S. 144. Brody 1873.

Rabbi Nachman nahm nur einen Begleiter mit sich auf die Reise, die er über Odessa und Konstantinopel in strengstem Inkognito unternahm. In Konstantinopel hielt er sich einige Tage auf. Er erzählte später, daß er sich dort genau so aufführte, wie seinerzeit im Dorfe. Er durchwanderte barfuß, ohne Gurt und Kopfbedeckung, einem Landstreicher gleich, die Straßen und suchte scherzweise Händel mit den Vorübergehenden. Infolge dieser legèren Lebensweise fiel es ihm dann schwer, in Palästina sich einzuleben.

Nach unzähligen schweren Hindernissen langte er am Vorabende des Neujahrsfestes (Rosch haschana) 1799 in Haifa an. Die Abenteuer des Rabbi Nachman werden von der chassidischen Legende geradezu als übernatürliche dargestellt. Die Anhänger des Bescht scharten sich bald um ihn, als sie von seiner Ankunft erfuhren und baten ihn, er möge sich in Safet oder Tiberias niederlassen, weil dort die Mehrheit der Chassidim wohnte. Er wies jedoch alle zurück und erklärte, er wolle die „heiligen Tage" in Einsamkeit und zurückgezogen verbringen. Er wolle das Klima von Palästina mit innerer Seelenruhe und in andachtsvoller Gemütsstimmung auf sich einwirken lassen, ohne daß er durch den Lärm seiner Umgebung gestört werde. Erst nach dem Laubhüttenfeste ließ er sich in Tiberias nieder.

Dort war die Zentrale des Bescht'schen Chassidismus seit der Zeit, da vor 20 Jahren Rabbi Menachem Mendel aus Wittebsk und Rabbi Abraham Kolisker — beide Jünger des „Maggid" aus Mezeritsch — sich in Tiberias niedergelassen hatten.[1]) Nach dem Tode des Rabbi Menachem Mendel war sein Vertreter Rabbi Abraham Kolisker der Führer der Chassidim. Er kam dem Rabbi Nachman sehr ehrerbietig entgegen.

Den ganzen Winter verbrachte Rabbi Nachman in Palästina, dort fleißig in den Büchern der Kabbala forschend und ab und zu die Grabstätten des Rabbi Simon ben Jochai und

---

[1]) S. A. Horodezky: Hachassidim b'erez Israel, Haschiloach. Bd. VIII u. R. Mendel m'Wittebsk, Hagoren. Bd. VII.

des Rabbi Lurja aufsuchend. An diesen heiligen Stätten zeigte
sich ihm die Kabbala in ihrer wahren Gestalt. Hier nahm sie
Leben an und erst hier konnte Rabbi Nachman ihr eigentliches
Wesen studieren.

Während seines Aufenthaltes in Palästina vergrößerte
sich immer mehr der Zuzug zu ihm, und er verbreitete die
Lehren des Chassidismus, dem er auch aus den Reihen der
strengen Kabbalisten, die bis dahin dem Chassidismus ganz
fern standen, Anhänger warb.

Nach dem Purimfeste desselben Jahres verließ er Palästina. Er hatte die Empfindung, daß nun die richtige Zeit gekommen war, um seine Leute im Auslande aufzusuchen und
ihnen den „kategorischen Imperativ" des Chassidismus zu verkünden. Er fühlte sich soweit gestärkt, daß alle früheren Be-
fürchtungen geschwunden waren und er sich im Gegenteil für
den einzig geeigneten Mann hielt, der für die Regeneration des
Chassidismus eintreten kann.

Nach Rußland zurückgekehrt, suchte er die bekannten
„Zaddikim" auf, und überall brachte man ihm Ehren entgegen,
welche gleichsam einem Gesandten Gottes galten.

Neu gestärkt an Geist und Gefühl, kehrte Rabbi Nachman
zu seinen Jüngern zurück. Sein Aufenthalt in Palästina wirkte
auf ihn erhebend in jeder Beziehung. Er lernte erst dort eigentlich das intuitive Schauen, weil die dortige Atmosphäre den
göttlichen Geist in sich birgt. Daher der Ursprung der Vernunft und der Weisheit. Dort die wirklich „geistige Zentrale"
und „wir im Auslande ernähren uns von ihr. Sie speist uns
wohlwollend und spendet freigebig von allem, was sie besitzt.
Jeder Jude hat also einen gewissen Anteil an Palästina, und es
hängt eben von seiner Apperzeptionsfähigkeit ab, wie weit und
in welchem Maße er ihn ausnützt". „Wer aber ein wahrhaft
jüdischer Mann sein will, der soll unbedingt dorthin gehen, mit
Hintansetzung aller sich etwa darbietenden Hindernisse und
Schwierigkeiten." Seine Schüler, die gewohnt waren, seine

Worte symbolisch zu deuten, fragten ihn auch diesmal, ob er
wohl das geistige Palästina, das Eldorado der jüdischen Sehnsucht, im Sinne habe. Er aber antwortete heftig erregt: Nein,
ich meine das wirkliche Palästina mit seinen Häusern und
Straßen, wie es vor uns ist.[1])

Auch von sich selbst sagte er, daß er „sein ganzes Ge-
fühlsleben nur dem Aufenthalte in Palästina" verdanke. Dort
wäre sein Platz. Dorthin will er immer fahren. Die ganze
Zeit vor der Palästinareise erschien ihm als schal und nichtig,
unausgenützt und daher inhaltlos. Er verbot auch seinen Schülern das Sammeln aller seiner Lehren und Predigten aus jener
Zeit, denn er bezeichnete sie selbst als unreife Früchte.[2])

Er bekam von seiner eigenen Person eine ganz andere
Meinung. Die großen Zaddikim, sagte Rabbi Nachman, und
stellte sich natürlich an die Spitze derselben, machen sich durch
ihre Reise nach Palästina einer „hehren Weisheit" würdig.
Dabei schwelgte er in großer Überhebung. Er habe — so erzählte er — dem Meere etwas entlockt, für welches keiner der
Tannaiten und Amoräer das richtige Verständnis hatte. Alles,
weil ihm Palästina vollkommenere Begriffe für das Studium
der Thora und für das Befolgen der Gebote verliehen hatte,
sodaß es ihm nun möglich wäre, in einem ganz entlegenen Orte,
wo weit und breit kein Jude sich befinden möchte, wo ihm die
Gelegenheit der Ausübung der einzelnen Vorschriften also unmöglich, ja selbst die Sabbate und Feiertage unbekannt sein
dürften, dennoch mit Hilfe seines intellektuellen Erfassens und
Schauens, die Thora in ihrer Gänze zu vollziehen.

Rabbi Nachman kam sich als ein Eroberer der geistigen
Welt vor. Er hatte das Bewußtsein einer hervorragenden Stellung unter allen „Zaddikim" seiner Zeit, vermöge seines
bedeutenden Wissens und geklärten Verstandes. Er fand an

---

[1]) R. Nachman: Likute Mah'ran. I. 120. Likute ezot Art. Erez
Israel. Sichot Haran I.

R. Nathan: Chaje Mah'ran. I. 8.

[2]) R Nachman: Sichot Haran. S. 153. R. Nathan: Chaje
Mah'ran. II. T. anfangs.

allen was auszusetzen. Sein Selbstbewußtsein löste nun seine
Zunge, die er vor seiner Palästinareise in Schranken gehalten
hatte. Er sprach offen und unumwunden aus, was er wußte.
Er negierte mit einem Worte jene „Zaddikim", welche nach
seiner Ansicht schlechte Faktoren im Chassidismus und für die
Chassidim abgaben. „Es gibt manche Führer — sagte er oft —,
welche das Epitheton „Rabbi" führen, die aber weder über
ihre eigene Person noch über eine ganze Gemeinde irgendwelche Gewalt haben, und diese nehmen es sich heraus, Führer
der Massen zu sein." Er bezeichnete sie als Heuchler, Lügner,
die sich in Gebetmantel und Gebetriemen hüllen und sie den
ganzen Tag aufbehalten, damit sie nicht demaskiert werden
können. Ironisch schrieb er von ihnen: „Der Satan wollte
sich die Erorberung der ganzen Welt erleichtern und setzte an
verschiedenen Orten solche ‚Berühmtheiten' ein." Er beklagt es
daher, daß „die ganze Welt in wirrem Durcheinander sei, und
daß selbst der aufrichtige, wahre ‚Gottsucher' dadurch leider
irregeführt werde".[1]

Mit solcherlei Reden ließ er alle „Zaddikim" seiner Zeit
den Stachel seiner scharfen Kritik fühlen. Es entwickelte sich
jetzt dasselbe Verhältnis zwischen Rabbi Nachman mit seiner
Schule und den „Zaddikim", wie seinerzeit zwischen dem
Bescht mit seinem Anhang und den Rabbinen. Die „Zaddikim",
denen Rabbi Nachman unbequem wurde, begannen gegen ihn
zu treiben.

Rabbi Nachman stellte sich auf die höchste Stufe der
Vollkommenheit in Bezug auf das „Erfassen der Größe Gottes"
sowie auf die „geistige Verklärtheit", die in seinen Lehren enthalten war. Selbst „oben in den höheren Sphären, in den
Regionen der reinen, unverfälschten Wahrheit, wäre man über
seine scharfsinnigen Deutungen der Lehre entzückt, die jederzeit seinem unversiegbaren Born entströmen". Wären seine
„Lehren in der Zeit eines Rabbi Simon ben Jochai oder Rabbi
Lurja verkündet worden, dann hätten sie epochemachend

---

[1] R Nachman: Likute Mah'ran. I. 20, II. 30, 72. R. Nathan:
Chaje Mah'ran. II. Art. Awodat adonaj.

wirken können". Denn seine Lehren stammen aus derselben Quelle, der die Lehre Mosis entstammt, weil auch ihm seine Anregungen direkt von Gott kämen. Seine „aufrichtige Gottesfurcht" und seine „Gelehrsamkeit" habe ihm alle großen Gelehrten unterjocht. Er sei in allen Gerichtshöfen des Himmels und besitze die Kraft, die Urteilssprüche der einzelnen Gerichtshöfe zu negieren und andere Urteile von anderen ihm beliebigen Gerichten zu provozieren. Er sei in der Lage, solange von Gericht zu Gericht zu appellieren, bis er das erwünschte Urteil erlangt. Alles vermöge einer nur ihm innewohnenden Kraft, die sonst keinem Sterblichen vertraut ist. Er wäre auch imstande, derartige Weisheiten und Wissenszweige zu entdecken, daß allein der Genuß über deren Erlangung schon Speise und Trank ersetzen könnte, und alle Menschen möchten aufgehen in dem Entzücken, das seinen Vorträgen entquillen würde.

Die Geschichte Israels in der Diaspora teilte er in vier Epochen. Rabbi Simon ben Jochai, Rabbi Lurja, der Bescht und dann er, Rabbi Nachman. Das waren überhaupt die geistigen Führer des Judentums zu jener Zeit. Die letzte Epoche, welche er repräsentiert, habe natürlich keinen besseren und geeigneteren Führer, als er einer ist. Denn das sei eigentlich seine Lebensaufgabe, „die jüdischen Seelen Gott zuzuführen". Ohne sein Dazutun möchten so manche Individuen im Kot verkommen. Auch die „Zaddikim" brauchen ihn, daß er sie auf den richtigen Pfad lenke. Und er ist wirklich der Beherrscher der „Zaddikim".[1]

Seine Phantasie hatte ihn ganz wirr gemacht. Er dünkte sich als unentbehrliches Objekt, welches überall hervorragt. In seinem Größenwahn übersah er gänzlich die Eitelkeit, welche ihn befiel, und er hielt sich im Gegenteil für einen sehr bescheidenen Menschen, gleich Moses, der von sich selbst schrieb: „Und Moses war ein bescheidener Mann."[2]

---

[1] R. Nachman: Sichot Haran. S. 17, 20, 177, 180, 195. Rabbi Nathan: Chaje Mah'ran. I. 11, 18 u. 43.
[2] R. Nathan: Chaje Mah'ran II. 118.

Diese Umstände also, wie die Geringschätzung der bekannten „Zaddikim" einerseits und sein übertriebenes Selbst-
lob andererseits, riefen die große Erregung hervor, die nach
meiner Ansicht den ersten Anstoß gab zum großen Streite,
welcher dann gegen Rabbi Nachman in vielfacher Weise ge-
führt wurde. Wenn man seinem Onkel gegenüber, dem Rabbi
Baruch aus Miedziboz, der ebenfalls in Superlativen von sich
sprach und die anderen negierte, doch gewisse Nachsicht übte,
so trug man dem Andenken des Bescht, dessen unmittelbarer
Nachfolger Rabbi Baruch war, Rechnung, zumal er oft ehr-
furchtsvoll vom Bescht sprach, so war für Rabbi Nachman kein
solcher Milderungsgrund vorhanden, weil er sich immer
selbständig gerierte und sich nicht scheute, zuweilen auch über
den Bescht gleichgiltig hinwegzusehen. Als ihm seine Mutter
einmal zuredete, daß er auf das Grab des Bescht gehe, soll er
ihr geantwortet haben: „Wenn mein Großvater mich sehen
will, dann soll er zu mir kommen." „Die Leute meinen," sagte
er ein andermal, „daß ich diesen meinen Rang nur als Enkel
des Bescht erlangt habe, dem ist aber absolut nicht so."[1])
    Die Gegnerschaft der „Zaddikim" zu Rabbi Nachman war
größtenteils im stillen vor sich gegangen. Sie hatten unter einander ein Bündnis gegen ihn geschlossen. Nur einer trat öffentlich als Kläger auf. Er war der „Alte aus Szapalie".[2]) Dieser
hatte keines der üblichen Attribute. Er entstammte weder einer
adeligen Familie, noch besaß er großes Wissen oder Kenntnis
der Kabbala. Er war bloß ein treuer, aufrichtiger Anhänger
und Verehrer des Bescht und seines Anhangs. Er konnte es
nicht dulden, daß Rabbi Nachman durch sein Auftreten die
Heiligkeit des Ersteren schmälerte und sein System vernichtete.
Er regte noch andere „Zaddikim" zu offenem Protest an. Besonders empfindlich traf es diesen „Alten von Szapalie", daß sich
Rabbi Nachman im Städtchen Zlotopole, in der Nähe von
Szapalie, niedergelassen und dadurch viele von den nach Szapalie
Zuströmenden entzogen hatte. Die Zaddikim mit dem „Alten

---

[1]) R. Nachman: Sichot haran. S. 166.
[2]) Gouv. Kiew.

von Szpalie" an der Spitze, verleumdeten Rabbi Nachman, daß er zu der Sekte des Sabbatai Zewi und der Frankisten hinneige. Die Anhänger dieser Zaddikim verhalfen ihnen auch dazu, indem sie falsche Gerüchte über Rabbi Nachman verbreiteten. So daß er während seiner Anwesenheit in Palästina einen Stein in den Markolusbrunnen geworfen und auf solche Weise seinen Götzendienst bekundet habe.[1]) Sie hatten auch einen Verwandtschaftsgrad zwischen Rabbi Nachman und der Frau des Frank konstruiert.[2])

Diese offene Feindseligkeit und so gefährliche, in der nächsten Nähe gesponnene Intrigen von seiten des „Alten aus Szpalie" beeinträchtigten natürlich die Ruhe des Rabbi Nachman, sodaß ihm sein zweijähriger Aufenthalt in Zlotopole unter furchtbaren Verfolgungen verlief.

Trotzdem verhielt sich Rabbi Nachman passiv. Er hörte wohl, daß sein ärgster Feind, der „Alte aus Szpalie", seinen Chassidim öffentlich predigte: „Wer den Anhängern des Rabbi Nachman an den Leib rückt, sichert sich das Paradies." Er reagierte nicht darauf. Er rechtfertigte ihn noch. „Wie soll man mich nicht bekämpfen, — sagte er — da ich doch einen ganz neuen, von niemand betretenen Weg gehe." Auch unser Patriarch Abraham hatte unter vielfachen Verfolgungen zu leiden, weil die Alten, welche in dem Übel wurzelten, ihn und seine neuen Lehren nicht verstanden. . . .

„Er zürnte ihnen aber nicht, sondern erwiderte mit einem Kopfschütteln, da sie es nicht einsehen konnten, daß er nicht von der jetztigen Welt sei." „Wir gleichen — sagte er einmal zu seinen Leuten — einem Musiker, dessen Spiel die Leute zum Tanzen anregt, während jene, welche für die Reize der Töne kein Ohr haben, über die Menge staunen, welche jenem Musiker nachgeht. Warum tanzen sie, fragen sie immer. So wundern sich die Leute über mich und die vielen Anhänger, die ich im Banne halte, weshalb sie mir eigentlichen folgen." „Sie be-

---

[1]) B. Mayer: Die Juden unserer Zeit. S. 9. Regensburg 1842.
[2]) M. Litynski: Lekorot hajehudium b'Podolie. Odessa 1895.

kämpfen nicht mich," sagte er ein andermal, „sondern denjenigen, der dieses in ihrem Sinne Unzulässige schafft." Er fand nicht einmal eine lästernde Bezeichnung für seine Gegner. Er belegte sie eher mit dem Epitheton „Zaddikim". Im Spaß sagte er einmal über seinen Todfeind, den „Alten aus Szpalie": Rabbi Arje Leib. Nach dem Ausspruche unserer Weisen soll sich der Mensch viel lieber in eine Löwengrube stürzen als sich seinen Feinden ausliefern. Wie aber, wenn der Arje (hebr. Löwe) mein Feind ist?[1])

Bei sich fand er verschiedene Deutungen und Erklärungen, welche ihm Trost für seine Lage gewährten. Er sagte sich, daß es viele wahre Zaddikim gibt, welche Verfolgungen erdulden müssen. Da büßt jeder eben die Sünden der vielen und duldet für die Vergehen der anderen. Denn wie jedes Gewächs nicht anders gedeihen kann, bis es zuvor in die Erde versenkt wird und nach dem Vermodern zu neuem Leben und frischer Kraft emporblüht, dann erst zu einem großen Baum heranwächst, so auch er. Nachdem man ihn erniedrigt und in den Staub gezerrt hat, werde er erst richtig zu neuem, schönem Leben aufblühen.[2]) Unter seinem Einflusse sind dann Gebete entstanden, von welchen eines folgendermaßen lautet: „Daß ich würdig bin, die Überzeugung zu erlangen, daß die Streitigkeiten der Zaddikim von g r o ß e m V o r t e i l sind für denjenigen, gegen den sie gerichtet sind, da sie ihn dadurch erheben und läutern und ihn nicht zu der irrigen Anschauung verleiten, Gott behüte, daß es einen wirklichen Streit unter den Zaddikim gebe[3])".

Das ruhige Verhalten des Rabbi Nachman trug nicht im geringsten zur Besänftigung der aufgeregten Gemüter bei. Es fachte nur noch mehr den Streit an, der mit jedem Tage zunahm, sodaß man den Anhängern des Rabbi Nachman arg zusetzte. Man verschwägerte sich nicht mit ihnen und sprach

[1]) R. Nathan: Chaje Mah'ran II. Art. Machloket. R. Nachman: Sichot Haran. S. 181.

[2]) R. Nachman: Likute Mah'ran I. 102. R. Nathan: Chaje Mah'ran. S. 28.

[3]) R. Nathan: Likute Tefilot. S. 8.

ein Verbot gegen ihr Schächten aus. Da mußte Rabbi Nachman
endlich eingreifen. Er fuhr zu Rabbi Lewi Jizchak aus Berdyczew, dem Schüler des Rabbi aus Mezeritsch. Das war der
einzige Zaddik, den Rabbi Nachman verehrte und den er für
„sehr groß" hielt. Er wollte nun das Ansehen, welches Rabbi
Lewi Jizchak bei den anderen Zaddikim hatte, zur Beilegung
des Streites aufbieten. Rabbi Lewi Jizchak hielt zu Rabbi
Nachman nach der Angabe seiner Chassidim. „Wenn ich nur
wüßte," soll Rabbi Lewi Jizchak ausgerufen haben, „daß die
Leute auf mich hören wollten, dann möchte ich meine Stimme
laut von dem einen Ende der Welt bis zum anderen ertönen
lassen: wer es mit der Frömmigkeit ernst meint, und wer wahrhaft gottesfürchtig sein will, der soll eine Annäherung an den
heiligen Rabbi Nachman anstreben."[1])

Außer dem erwähnten Rabbi standen noch auf der Seite
des Rabbi Nachman, wie seine Leute erzählten, viele bekannte
Zaddikim. Die Sage geht, daß ein großer Teil derselben in
Berdyczew zusammengekommen war, um gegen den „Alten
von Szpalie" den Bann auszusprechen, wegen seines heftigen
Auftretens gegen Rabbi Nachman und wegen der gegen ihn
verbreiteten Verleumdungen. Allein ihr Vorhaben scheiterte
an dem Widerstande des Rabbi aus Berdyczew, der es nicht
zugeben wollte, daß aus seiner Stadt ein „Bann" komme.

V.

In Zlotopole war es Rabbi Nachman nicht möglich, seinen
Plan zu realisieren und dem Chassidismus ewigen Bestand zu
sichern. Er begann wohl dort seine Tätigkeit zu entwickeln,
indem er seinen Leuten predigte und seine Lehren vortrug,
welche auf Erzählungen aus der Agada und wissenschaftlichen
Betrachtungen aus der Kabbala in alter und neuer Form ba-
sierten. Allein die Anfeindungen, die er von außen vom „Alten
aus Szpalie" und innen von den Einwohnern auszustehen hatte,
hinderten ihn an der Fortsetzung seines Werkes.

---

[1]) R. Nathan: Chaje Mah'ran. II. T. 56.

Er verließ daher im Jahre 1802 Zlotopole und ließ sich in der Stadt Brazlaw (Gouv. Podolien) nieder.

Brazlaw war seit der anfänglichen Entwickelung des Bescht'schen Chassidismus gewissermaßen die Brutstätte desselben. Hier konzentrierten sich seine ersten Strahlen und es gelang ihnen, in das Herz der Bewohner einzudringen, so daß Brazlaw bald eine berühmte Stätte des Chassidismus wurde. Gleichzeitig bildete es die Zielscheibe, an der die Gegner dieser Bewegung ihre Pfeile versuchten. Im Jahre 1752 zirkulierte dort ein Flugblatt der Rabbinen aus Polen[1]), welche die Bewohner von Brazlaw gegen die Lehren des Bescht und die Ausbreitung der neuen chassidischen Bewegung beeinflussen wollte. Allein der Versuch mißglückte vollständig und der Chassidismus entwickelte sich immer mehr.

Nach fünf Jahren kam der bekannte Frank in diese Stadt und wählte sie zu seinem Aufenthalte, nachdem er dort eine Frau bekam und auch einen großen Anhang sich geworben hatte.

Da wich nun der alte Kampf in dieser Stadt und räumte einem anderen, der dieser neuen, mystischen Strömung galt, das Feld. Es brauste und sauste zwischen den Chassidim des Bescht und den Anhängern des Frank.

Die Gegner des Chassidismus, welche stets diese so extrem einander gegenüberstehenden Parteien in einen Topf warfen, benützten jetzt die günstige Gelegenheit, um die ganze Stadt Brazlaw, als einen Hort des Frevels und der Irrlehren zu verfolgen. Als der Gaon aus Wilna im Jahre 1781 zum ersten Male den Bann gegen den Chassidismus und die Chassidim ausgesprochen hatte, schickte er auch nach Brazlaw eine Abschrift der Bannformel.[2])

In dieser Stadt, die so voll war von neuen mystischen Strömungen, schlug Rabbi Nachman seinen Wohnsitz auf. Da begann er intensiv an der Entwickelung seines Systems zu arbeiten und seine Chassidim zum Studium und zum Gottes-

---

[1]) M. Litynski. a. a. O.
[2]) a. a. O.

dienst anzueifern. Hier begann er die Ideen der Frankisten und der wirren Chassidim des Bescht umzustürzen. Er begann frisch einen neuen Tempel für den Gott des Chassidismus zu bauen. Hier wurde auch seine große Sehnsucht nach einem gelehrten Manne gestillt. Es gelang ihm, R a b b i N a t h a n an sich zu ziehen. Dieser wurde sein treuer Schüler, der die meisten seiner Lehren zu Papier brachte und so der Nachwelt übermittelte. Nun fand der Meister seinen Apostel.

Rabbi Nathan hospitierte zuerst bei anderen großen Zaddikim. Allein seine seelische Beruhigung fand er erst bei Rabbi Nachman.[1]) Dieser hatte auch eine besondere Freude an dem neuen Schüler. „Wenn das mein einziges Verdienst bleiben sollte", sagte er, „daß ich ihn angeworben habe, dann reut es mich nicht, hierher gekommen zu sein." Rabbi Nathan war ein Gelehrter und Kabbalawissender. Er verstand auch hebräisch zu schreiben. Und Rabbi Nachman brauchte einen solchen Mann, der alle diese Eigenschaften in sich vereinte. Sehr oft äußerte er: „Ich möchte was sagen, aber ich brauche einen, zu dem ich sprechen könnte." An Rabbi Nathan fand er also den gesuchten Mann. Er gab ihm den Auftrag, alles, was er von ihm hört, selbst seine alltäglichen Gespräche, aufzuzeichnen. Rabbi Nathan entledigte sich in besonders befriedigender Art seines Auftrages. Als er seine Aufzeichnungen dem Rabbi Nachman brachte, fand dieser manche minder wichtige Dinge, die nicht protokollierbar wären und machte dem Rabbi Nathan darüber Vorstellungen, im Innern war er aber sehr vergnügt, daß „nun kein einziges seiner Worte verloren gehen wird[2])".

Brazlaw wurde nun die Zentrale des neuen Chassidismus. Viele Augen waren auf diesen Quell der neuartigen Lehre gerichtet. Eine Lehre, welche sich von der in den anderen chassidischen Gebieten wesentlich unterschied. Es strömten die Chassidim zu Hunderten nach Brazlaw. Sie sonderten

---

[1]) Rabbi Nathan: Alim litrufo. Brief 357.
    Derselbe: Kochwe Or. S. 2.
[2]) Derselbe Chaje Mah'ran I. u. II. anfangs.

sich ab von ihren früheren Genossen, um sich an diesem heiligen Orte zu festem Bunde zu vereinigen.

Und der „Meister", Rabbi Nachman, kam allen liebreich entgegen. Er verstand es, jeden einzeln an sich zu fesseln. Es entwickelte sich ein familiäres Verhältnis zwischen ihm und seinen Anhängern, gleichsam wie zwischen Vater und Kindern. Er fühlte sich eins mit seinen Jüngern und nicht ihnen überlegen, wie die übrigen Zaddikim es mit ihren Jüngern tun. „Jeder einzelne", sagte er oft, „füllt einen Platz in meinem Herzen aus." Einmal schrieb er ihnen von einer Reise: „Wir sind wohl räumlich voneinander fern, aber im Geiste sind wir stets nahe beieinander." „Jeder nimmt Anteil an meiner Lehre", sagte er. „Die Thora des wahren Zaddik kristallisiert sich eben heraus aus den vereinten Banden der vielen Leute, die zu ihm kommen." Er wolle alles für sie tun, sie müßten ihm nur behilflich sein. Als er einmal erkrankt war, bat er seine Leute, daß sie für sein Heil Gebete verrichten, so sehr fühlte er sich mit ihnen vereint. „Wozu braucht ihr nachzudenken, traget nur Steine und Kalk zusammen und ich führe dann herrliche Paläste auf." Er war auch bereit, für ihre Sünden Buße zu tun. „Ich will suchen gut zu machen, was jeder von euch bis nun schlecht gemacht hat"[1]).

Ganz besonders zog er die jüngeren Chassidim an sich. „Ich kann nicht Alte um mich haben", sagte er. „Es ist nicht gut, alt zu sein, sei es als Chassid oder als Zaddik. Ein Alter muß streben, sich immer zu verjüngen." Rabbi Nachman, der überaus Tätige, schaute auf die Natur, die nicht ruht, die fortwährend wirkt. Er duldete nicht die Ruhe und Lässigkeit: „Immerfort schaffen", war stets seine Devise. „Man muß immer den Verstand schärfen, denn die Ausbildung des Verstandes geht Hand in Hand mit der Ausbildung der Seele"[2]).

---

[1]) R. Nachman: Sichot Haran, S. 187. R. Nathan: Chaje Mah'ran I. u. II. 50.

[2]) R. Nachman: Likute Mah'ran I. 44. R. Nathan: Chaje Mah'ran II. 107.

Auch den armen Chassidim kam er sehr liebevoll entgegen. „Ich sehe in dem ärmsten Manne, der in zerrissenen
Kleidern einhergeht, einen teueren Diener Gottes", sagte er.
Ebenso schätzte er die Handwerker, nach dem Ausspruche:
„Groß ist, der sich von seiner Hände Arbeit ernährt, weil er
die Herrlichkeit des Weltenherrn erkennt, was selbst Engel
nicht tun können"[1]).

Er sicherte seinen Jüngern zu, daß aus jedem Schritt, den
sie zu ihm tun, ein Engel entsteht. Sie werden dann so rein
und heilig werden, daß sie läuternd auf ihre Umgebung wirken
werden. Er legte es ihnen nahe, hauptsächlich zu Roschhaschana[2]) zu ihm zu kommen. „Ob ihr esset, schlafet, betet
oder es nicht tut, die Hauptsache ist, daß ihr am Roschhaschana
bei mir sein sollt." Denn diese Gedenktage sind bei ihm die
wichtigsten Tages des ganzen Jahres. Er wartete das ganze
Jahr hindurch auf diese Tage. „Bei mir", sagte er, „ist Roschhaschana das Wichtigste. Kaum gehen diese Tage vorüber,
bin ich schon der nächsten Selichot-Tage[3]) gewärtig und treffe
die nötigen Vorbereitungen für dieselben"[4]).

Rabbi Nachman wollte auch nach seinem Tode unter
seinen Chassidim bleiben, wie er bei Lebzeiten mit ihnen eng
verbunden war. Er deutete ihnen an, daß sie nach seinem
Tode keinen Führer und Leiter brauchen, da er auch dann stets
mit ihnen sein werde. „Der Tod eines ‚Zaddik' unterscheidet
sich in nichts von seinem Leben", sagte er einmal und dachte
dabei an sich. „Früher wohnte er hier, und später verlegt
er seinen Wohnsitz ins Grab. Aber auch dort lebt er und hört,
wenn man ihn anruft." So gern er auch noch einmal nach
Palästina gehen wollte, ließ er doch die Absicht fallen, um nur
mit seinen Leuten zusammen zu sein. „Ich werde bei euch

---

[1]) R. Nachman: Sefer hamidot lit. Mamon. R. Nathan: a. a. O. II.
Vgl. Berachot babli 8 a.
[2]) Neujahr d. Juden.
[3]) Bußtage vor Neujahr.
[4]) R. Nachman: Sichot haran, 212. R. Nathan: a. a. O. II.

bleiben," sprach er, „und ihr müßt dann auf mein Grab kommen
und zu mir wie zu einem Lebenden sprechen." Er sicherte
ihnen dafür die Errettung aus der Hölle zu, mögen sie auch
noch so sündenbehaftet sein[1]).

Der Bescht und die anderen „Zaddikim" waren immer
bestrebt, auch die materielle Lage der Chassidim zu heben. So
suchte der eine, bei den Gutsherren, bei denen er als Arzt[2]) be-
liebt war, Begünstigungen für die armen, jüdischen Pächter zu
erwirken. Rabbi Nachom von Tschernobil und Rabbi Schneor
Salman aus Ladi, die Schüler des Rabbi Ber aus Mezeritsch,
durchwanderten Städte und Dörfer, um Geld für die Befreiung
von Gefangenen oder für arme Dorfjuden zu sammeln, die von
ihrer Stätte vertrieben wurden und dem Hunger und der Kälte
preisgegeben waren[3]). Viele Chassidim wandten sich an ihre
Zaddikim um materielle Abhilfe, und das war mit eine große
Ursache der weiten Verbreitung des Chassidismus unter den
Massen. Bei Rabbi Nachman war es ganz anders. Er legte
auf das Geistige das Hauptgewicht. „Mein größtes Seelen-
vergnügen ist es," schrieb er an seine Jünger, „zu sehen, wie
bei meinen Leuten Judentum und Gottesdienst vereint sind.
Habe ich doch mich selbst, meine Frau und meine teueren
Kinder nur zu diesem Zwecke geopfert. Ich hätte doch genau
so wie die anderen „berühmten" Führer sein können, zu denen
die Chassidim wiederholt kommen und gehen, ohne eigentlich
zu wissen, wozu sie es tun. Ich wollte es ganz anders haben.
Ich wollte euch auf den rechten Pfad führen. Ich verlangte
von euch nur, daß ihr fromme Leute werdet. Das ist mein
ganzes Streben." Als ihn einmal einer seiner Jünger ersuchte,
er möge zu Gott für ihn beten, daß er seinen Lebensunterhalt
verdiene, schrie er ihn an, wie er nur an solche weltliche
Dinge denken könne. Er, Rabbi Nachman, gleiche dem, der

---

[1]) R. Nathan: Chaje Mah'ran I. 24, 64. R. Nachman: Sichot
haran, 24.

[2]) S. A. Horodezky: Rabbi Israel Bal-Schem. S. 20.

[3]) Meyer: Bet Rabbi. Berdyczew 1902. S. A. Horodezky: Rabbi
Nachom in Tschernobil. S. 26—28.

aus einer Wüste eine Wohnstätte bilden wolle. Denn „das Herz eines jeden von euch sei wie eine Wüste, ohne Raum für die Heiligkeit Gottes. Ich will euere Herzen erst dazu fähig machen“. Er betrachtete sich nur als eine Art Führer der Verirrten und nicht als berühmten Wundermann. Er war ungehalten darüber, daß man ihm manche Wundertaten nachrühmte. Von den Wundertaten sagte er in beißender Satire: Die Sache erinnert mich an die Geschichte von einem König, der zwei Söhne hatte, von denen einer klug, der andere aber ein Narr war. Da übergab der König dem Narren das Amt eines Schatzmeisters, während der kluge Sohn ganz ohne Amt war. Da fragte man den König, warum er denn seinem klugen Sohne kein Amt übertrage. Der König erwiderte: Dank dem umsichtigen Eingreifen des klugen Sohnes war ich in der Lage, die vielen Schätze zu sammeln, die der Narr jetzt verteilen kann. Wer von beiden hat nun eine größere Mission und wessen Dienste sind für mich ersprießlicher[1])?

Unter den vielen Anhängern des Rabbi Nachman waren ihm einige besonders ergeben, sodaß sie sich von ihm nicht trennen mochten und gegen seinen Willen das ganze Jahr bei ihm verblieben. Sie mußten unbedingt in seiner Nähe sein und seiner Lehre lauschen. Er spazierte mit ihnen außerhalb der Stadt, bestieg Berge mit ihnen, und dort im Freien erzählte er ihnen seine Geschichten.

Er ließ sich auch gern von ihn Verschiedenes, namentlich politische Dinge, erzählen.

Ihre gewöhnlichen Gespräche deutete er dann in seiner Lehre um, indem er ihnen durch verschiedene Winke den rechten Weg zeigte.

„Gebet das weiter eueren Kindern und Kindeskindern“ — sagte er — „was ihr hier höret und sehet.“[2])

So sehen wir den Rabbi Nachman von Tausenden seiner Chassidim umgeben, welche sich alle um ihn scharen. Alle

---

[1]) R. Nathan: Chaje Mah'ran II. 22, 130. R. Nachman: Sichot haran. 185.

[2]) R. Nathan: Chaje Mah'ran I.

bilden zusammen einen großen Körper um die große Seele des
Rabbi Nachman. Und unzertrennlich waren Seele und Körper
für immer. Er, der Kern des weiten Körpers, war der Lehrer,
der alle anleitete und für das Vergehen der anderen die Verantwortung übernahm. Auch über seinen Tod hinaus reicht
diese Harmonie. Dort oben, in den höheren Regionen wollte
er erst recht für das Wohl seiner Leute tätig sein.

Ein markantes Bild, dieses Verhältnis des Rabbi Nachman zu seinen Jüngern, das zugleich die Gesichtspunkte angibt,
aus welchen er sich den Begriff „Zaddik" konstruierte.

VI.

Schleiermacher hat sein Religionssystem: „In allem Endlichen das Unendliche zu erblicken," nach dem spinozistischen
Grundsatze: „alles Endliche sei im Unendlichen enthalten"
aufgebaut.[1]) Der Mensch, der in sich sowohl das Endliche wie
das Unendliche vereinigt, muß durch die Beobachtungen, die
er an sich selbst vornimmt (Selbstanschauung), das Unendliche in sich erkennen. Er hat dann Gott gefunden, das Unendliche, und so auch die religiöse Höhe erreicht.

Durch die Selbstbeobachtung gewinnt er die Vereinigung
des Endlichen mit dem Universum.[2])

Von diesem Gedanken, dessen Grundlage bereits bei
Spinoza vorkommt[3]), ist nur noch ein kleiner Schritt zu dem
Kultus des großen religiösen Menschen, der das Unendliche
in sich und in der ganzen Schöpfung gefunden hat, der also alle
anderen Menschen überragt. Während nun die anderen deutschen Romantiker den „Genius" der Kunst verehrt hatten, soll
Schleiermacher nach seinen religiösen Auseinandersetzungen
zur Verehrung des großen religiösen Menschen gelangen.[4])

---

[1]) W. Dilthey: Leben Schleiermachers. Berlin 1870. S. 3 u. 4.
Vgl. R. Heym: Die romant. Schule. S. 524. Berlin 1870.
[2]) Schleiermacher: Über die Religion, zweite Rede. Breslau 1831.
[3]) Spinoza: Ethik (Reclam-Ausg.) IV. T. Lehrs. 28.
[4]) Siehe Walzel: Deutsche Romantik. S. 66. Leipzig 1908.

Diese ganze Gedankenkette finden wir auch bei Rabbi Nachman aus Brazlaw.

Das Suchen und die Beobachtung Gottes in jedem einzelnen Dinge in dem ganzen Weltall, das ist die höchste Religion. Der Mensch muß seinen Gott und den des Weltalls aufsuchen und sich mit ihm vereinigen, in ihm aufgehen. In der Art der Vereinigung mit Gott unterscheidet sich aber das System des Rabbi Nachman von dem Schleiermachers. Dieser gelangt durch Selbstbeobachtung zur Anschauung und Vereinigung mit dem Universum, mit der Unendlichkeit: „So oft ich mich ins innere Selbst zurückwende, bin ich zugleich im Reich der Ewigkeit."[1]) Rabbi Nachman will durch Verleugnung des Ich, durch Aufhebung aller Gelüste und bösen Eigenschaften zur Vereinigung gelangen. Erst nachdem die stoffliche Materie des Menschen durchgeistigt wurde. Der Körper müsse sich in das Wesen der reinen Seele verwandeln, in Vernunft und Erkenntnis." Erst dann könne er, der Mensch, in ihren Stamm eingereiht werden, dann gelangt er zur „Vereinigung mit der Einheit Gottes[2])". Einen ähnlichen, mystischen Gedanken finden wir auch bei den deutschen Mystikern Eckhart und Böhme[3]).

Ein solcher Mensch, der in der Lage ist, den Stoff in Form umzuwandeln und in allem Gott zu erkennen, der gelangt dann zum Range eines „Übermenschen". Das ist der „Zaddik".

Der „Zaddik" nimmt den Hauptanteil an dem ganzen Gefühlsjudentum, an dem Judentum des geistigen Pantheismus. Er bildet gewissermaßen das Zentrum der ganzen Schöpfung. Rabbi Nachman räumte ihm einen ganz besonders hohen Rang ein. Nach seiner Ansicht ist der „Zaddik" in der Lage alles zu tun. Er kann „einen neuen Himmel und eine neue Erde schaffen, hier und dort Wunder tun". Er beein-

---

[1]) Schleiermacher: Monologen. Stuttgart 1835.

[2]) R. Nachman: Likute Mah'ran I. 30, 104; Likute ezzot. lit. Daat.

[3]) Siehe Windelband: Gesch. d. neueren Phil., I., 28—30 und 120, 121.

flußt ihr harmonisches Zusammenwirken. Die Thora ist zum beliebigen Gebrauch in seine Hand gegeben, seine eigenen Worte sind „bedeutender als die der Thora und der Propheten[1])".

Auch der „Übermensch" des Rabbi Nachman ist wesentlich anders als bei den Romantikern. Bei diesen steht der Übermensch eben über allen anderen, hat gar keine Berührungspunkte mit dem Volke. Rabbi Nachman aber vereint den „Zaddik" mit dem Volke quasi zu einem Körper. Er, der „Zaddik" ist wie die Seele des Volkskörpers. Er bildet „das Wesen, die Knochen und das Volk, das Fleisch". Sie stehen zu einander im Verhältnis der „Feder zum Schreiber". Sie sind also stets fest aneinander gekettet.[2])

Die Pflicht des „Zaddik", die ihm aus seinem Verhalten zum Volke erwächst, ist der Lehrer und Leiter desselben zu sein, es stets den richtigen Weg zu führen und es allmählich auf die höhere Stufe der Erkenntnis zu bringen, daß Gott in allem sich befinde, was „von der Elementarstufe des Denkens bis zum großen geistigen Erfassen der materiellen Welt" sich erstreckt. Im Anfangsstadium, in dem des rein Körperlichen, sei Gott noch immer „in viele Decken gehüllt". Und der Mensch kann auf dem Wege der stufenweisen Entwickelung, immer näher zum Herrn, zum Höhepunkte der Gotteserkenntnis gelangen. Das ist allerdings eine sehr schwere Sache. Hauptsächlich ist es nicht jedem Menschen gegeben, allein, ohne Führer, diesen Weg zurückzulegen. Nicht eines jeden Auge vermag die vielen Hüllen, die Gott umgeben, zu durchdringen. Dazu ist unbedingt ein Führer nötig und dieser ist der „Zaddik". Er allein besitzt die Fähigkeit, Gott zu begreifen, und außer dem „Zaddik" gibt es keinen anderen Lehrer.

Rabbi Nachman setzt die Vorgangsweise des „Zaddik" auseinander. „Durch seine innere Sehnsucht entsteht ein Seelenvermögen. So er aber dieser inneren Sehnsucht mit seinem Munde

---

[1]) R. Nachman: Likute Mah'ran. 94, 142.
[2]) R. Nachman: a. a. O., 44, 98; Sefer hamidot lit. Gaawa.

Ausdruck verleiht, entsteht eine wirkliche Seele. Das ist der
lallende Hauch, der sich in den Luftschwingungen dem Menschen mitteilt und auf ihn einwirkt. Denn das ist ja bekannt,
daß die Sprechwerkzeuge durch die Luft so lange schwingen,
bis sie zum nächsten angeredeten Menschen gelangen, so daß
dieser dann eine Sprache vernimmt und auf solche Weise auch
seine Seele und seine Anregung empfängt."[1])

Auf solche Weise leitet der Zaddik das Volk und regt es
zur Buße und zu guten Taten an. Er erhält in ihm den Glauben
an Gott und teilt ihm von seinem geistigen Einflusse mit. All
das wäre aber nur möglich, wenn der Mensch mit dem Zaddik
eng verbunden wäre. Der Mensch muß dem Zaddik sein
ganzes Vertrauen schenken. In ganz schlichter Weise, ohne
daß er allerhand Fragen stellt und etwaige Widersprüche her-
aussucht. Er muß in dem Zaddik eine Ähnlichkeit mit Gott
finden. So ihm also bei Gott irgendetwas fraglich vorkommt,
ebenso kann es auch beim Zaddik sein.

Ein festes Band muß den Menschen mit dem Zaddik vereinigen und nur unter dieser Bedingung kann letzterer für das
Wohl des ersteren nicht nur im Diesseits, sondern auch im
Jenseits Sorge tragen. Der wahre Chassid, der sich eng an
den Zaddik anschließt, soll ihm also alles übergeben und ihm
ganz vertrauen. Ihm muß er auch seine Vergehen beichten.
denn der Zaddik „vergibt Sünden[2])".

Die Auffassung des Rabbi Nachman vom Range des
„Zaddik" ist gleichsam die von einem „Stellvertreter Gottes".
Die Einrichtung der Beichte aber blieb vereinzelt in der ganzen
jüdischen Literatur, da sie dem jüdischen Geiste widerspricht.

Interessant ist das Gebet, das jeder Chassid aus Brazlaw
zu Gott verrichtete: „Laß uns würdig sein in Deiner großen
Barmherzigkeit, eine richtige Beichte vor dem wahrhaften
Zaddik und dem Weisen des Zeitalters abzulegen, über alle

---

[1]) R. Nachman: Likute Mah'ran I. 60, 62, 66. II. 16.
[2]) R. Nachman: Likute Mah'ran II. 50. Sichot haran, 46.
R. Nathan: Chaje Mah'ran II. 38.

unserer Jugendzeit bis auf den heutigen Tag, damit er in seiner
unsere Sünden, die wir Dir gegenüber begangen haben, seit
Weisheit und Sanftmütigkeit uns vergebe und uns den richtigen Weg führe, den wir gehen und uns zu Handlungen an-
leite, die wir tun sollen."[1])

In diesem Gebete finden wir den Zaddik als eine Art
Gotteshelfer. In einem anderen Gebete sehen wir genau das
Gegenteil. Da konzentriert sich die Beichte hauptsächlich auf
den Zaddik, dem Gott als Helfer zur Seite steht. Der Brazlawer Chassid betet: „Möge meine Beichte von Dir wohl-
gefällig aufgenommen werden, wie wenn ich vor dem großen
Weisen und wahren Zaddik gebeichtet hätte. Gewähre uns
alle guten Eigenschaften und Vorzüge, sowie die Abstreifung
aller Leidenschaften und alle anderen Vorzüge, die wir durch
unseren wahrhaften Zaddik erwerben könnten, was wir von
Dir erbitten, und was wir zu erwähnen unterlassen haben. Zu
allem verhilf uns Du Ewiger unser Gott in Deiner großen
Barmherzigkeit. Denn Du bist unser Vater, und wir haben
keine andere Stütze als nur Dich, o unser Vater im Himmel."[2])

Einer von den früheren Chassidim aus Brazlaw schreibt
mir, daß Rabbi Nachman keinen seiner Anhänger vor dessen
Ablegung einer richtigen Beichte empfangen habe.

Diese Einführung der Beichte und diese Gebete bildeten
natürlich das Öl für das große Feuer des Aufruhrs gegen Rabbi
Nachman, wodurch dann der Streit und die Verfolgung immer
heftiger wurden.

VII.

Zur Zeit da die Lehre Mendelssohn's in Berlin Verbreitung fand, daß nämlich das Judentum eine Religion von praktischer Betätigung sei und nicht auf Glaubensdogmen beruhe[3]),
lehrte Rabbi Nachman genau das Gegenteil, daß das Judentum im Grunde eine Glaubensreligion sei „ohne jede Klügelei"

---

[1]) R. Natahan: Likute tefilot 4.
[2]) Ibid.
[3]) Mendelssohn: Jerusalem. Abschn. II, S. 31. Berlin 1783.

in ihr und nur in ihr finde man neben dem geistigen auch das
materielle Glück, in ihr finde der von Sorgen Bedrückte, unter
der Last des Alltagskummers Zusammenbrechende, Trost und
Erfrischung.[1])

Er protestierte gegen jene jüdischen Forscher, welche
„nur auf Grund von Forschung und profanem Wissen, das
Zweckmäßige begreifen können." Rabbi Nachman, der das
ganze Volk mit unermeßlicher Liebe umgab, der in jedem
Juden „ein Stück des höchsten Gottes" erblickte, der jeden
Zaddik nannte, — er konnte derart aristokratische Ansichten
nicht vertragen. „Was sollen denn jene Winzigen tun", fragte
er —, welche nicht fähig sind nach den einzelnen Axiomen
zu forschen, wie sollen die dann den Zweck erfassen?" Abgesehen davon, daß die Philosophie und das Nachforschen an
und für sich weder intellektuellen Nutzen bringen, weil sie „den
menschlichen Verstand eher verwirren", noch praktischen,
prinzipiellen Nutzen, sind sie keineswegs darnach, um auf das
Herz erhebend zu wirken. „Jene großen Gelehrten und Forscher konzentrieren ihr ganzes Denken auf die Konstruktion
einer Waffe, die Tausende von Menschen mit einemmal töten
soll", ruft Rabbi Nachman einmal ironisch aus. „Unter diesen
ist nicht für Jakob ein Teil. Wir glauben, wie es unsere Ahnen
taten, an Gott gelobt sei Er ohne jedes Nachgrübeln." Als
unser Lehrer Moses uns die Thora gab, leitete er sie mit dem
Grundsatze ein: „Am Anfange schuf Gott ohne irgendwelche
Forschung und Beweise. Uns trug er auf, an Gott aufrichtig
zu glauben." Wir müssen nur im einfachen, aufrichtigen Glauben, ohne jede Forschung und Kritik das Leben betrachten.
„Es ist alles gewiß ordnungsgemäß eingerichtet, wir sind nur
nicht fähig, mit unserem unzulänglichen Verstand die Wege
Gottes zu begreifen. Denn unser Verstand ist nicht wie der
Gottes. Würde Gott nach unserer Einsicht die Welt lenken,
dann wäre ja — fern sei es — Seine Auffassung gleich der
unsrigen." Die Philosophen sind ja am Ende doch nicht in der

---

[1]) R. Nachman: Likute Mah'ran II., 12; Sichot haran, 64.

Lage, alle Ereignisse im praktischen Leben zu erklären. Das ist nur durch den Glauben möglich. Und dort, wo das A B C der Philosophie zu Ende ist, beginnt die Weisheit der Kabbala.[1])

Rabbi Nachman eröffnete also einen Kampf gegen die ganze Literatur der jüdischen Forscher. „Man muß sich von ihr fernhalten, denn sie ist für den Glauben überaus schädlich." Er verbot seinen Anhängern in solche Bücher Einsicht zu nehmen, wie verschiedene Kommentare der Bibel, More Nebochim, das Buch Madda, Sefer higajon (Logik) von Maimonides, Abschnitt Schaar hajichud (Pforte der Einigkeit) im Buche Chowat halewawot (Herzenspflicht) und Akedas Jizchak (die Opferung Isaks). Speziell am „More" wollte er sein Mütchen kühlen, denn dieses Buch war ihm besonders verhaßt. „Wer das studiert" — sagte er — „wird gewiß seiner Gottähnlichkeit, der Heiligkeit des Antlitzes verlustig." Er zog eine Parallele zwischen dem More der „auf den Lehren des Heiden Aristoteles basiert" und zwischen den Büchern wie Sohar und denen des Rabbi Lurja, welche dem heiligen Geiste entstammen.[2]) In seinen bis dahin noch nicht veröffentlichten Schriften sagt Rabbi Nachman: „Viele Leute halten so manche Forscher, wie z. B. den Maimonides für große Männer, sie werden aber nachher zur Überzeugung kommen, daß er ein Epikuräer, ein Gottesleugner war."[3])

Den Eifer des Rabbi Nachman findet man auch dann in dem von seinem Schüler Rabbi Nathan, aber unter seinem Einflusse herausgegebenen Buche unter dem Titel „die Namen der Zaddikim". In diesem Buche sind alle Zaddikim aufgezählt von Adam bis auf die Zeit des Rabbi Nachman. Da werden selbst manche seiner Schüler erwähnt. Aber die Namen so großer Männer, wie Jehuda Halevy, Gabirol, Ibn Esra, Gerso-

[1]) R. Nachman: Likute Mah'ran I. 98, 146; Likute ezzot. lit. Chakirot; Sichot haran. 64, 224. R. Nathan: Chaje Mah'ran II. 220.

[2]) R. Nachman: Likute Mah'ran II. 94. R. Nathan: Chaje Mah'ran II, lit. lehisrachek machkirot.

[3]) Diese Worte sind von einem der Brazlawer Chassidim in seinem Namen wiedergegeben.

nides, Rabbi Jizchak Arama und andere werden dort vermißt.
Nur der Name des Maimonides kommt dort vor, weil der Verfasser wahrscheinlich üble Nachrede befürchten mußte.
Dergestalt finden wir Rabbi Nachman als Schutzgeist des
einfachen Glaubens. Jeder seiner Anhänger hatte ein unter
seiner Redaktion zusammengestelltes Gebet, welches folgendermaßen lautete: „Ich möge würdig sein Dir aufrichtig zu
dienen, in vollendeter Einfachheit ohne alle Spitzfindigkeiten.
Behüte und bewahre mich in Deiner großen Barmherzigkeit vor
Kritik und ketzerischen Lehren. Erbarme Dich meiner und
ganz Israels und laß mich in Deiner großen Gnade wahrhafter
Frömmigkeit teilhaftig sein."[1])

„Aufrichtigkeit ohne Klügelei" war die Devise des Rabbi
Nachman, nicht allein bezüglich des reinen Glaubens, sondern
auch in Bezug auf die praktische Ausübung der Gebote. „Gott
aufrichtig zu dienen" und nicht haarspalterisch nachforschen
„ob man denn wirklich allem genau gerecht werde." Denn
dies ist einem gewöhnlichen Sterblichen kaum möglich. Und
Gott übt auch keine Tyrannis aus. Die Thora ist übrigens nicht
Engeln gegeben worden. Auf die überaus Sorgfältigen und sich
selbst alles Erschwerenden, bezieht sich der Ausspruch „er soll
durch sie leben und nicht durch sie sterben[2])". Das kann aber
nicht als Leben bezeichnet werden, wenn man in steter Angst
sich befindet, ob man nur ja ganz pünktlich das oder jenes Gebot befolgt hat." Der Mensch habe überhaupt nichts zu fürchten. Er soll nur den geraden Weg gehen. „Der Mensch soll
eine ganz schmale Brücke passieren können und hauptsächlich
keine Furcht haben." Und wenn er manchmal verhindert ist,
den Gottesdienst strikt zu vollführen, „dann wird der Not
Gnade zuerkannt." „Nichts" sagt Rabbi Nachman „ist justa-
ment vorgeschrieben, wenn es nicht möglich ist, dann muß es
eben nicht sein."

Als sein Schüler Rabbi Nathan sich weigerte, das Amt
eines Religionsassessors zu übernehmen, da er manchmal

---

[1]) R. Nathan: Likute tefilot lit. j.
[2]) Traktat Joma 85 b.

etwas gestatten könnte, was eigentlich gesetzlich verboten
wäre, rief ihm Rabbi Nachman zu: „Da ist keine Angst vorhanden! Kaum zeigt sich eine Möglichkeit der Erleichterung,
da dürfte man es schon tun. Die Thora wurde den Gelehrten
der Zeit anvertraut, daß sie sie nach bestem Wissen erklären."
Rabbi Nachman suchte sowohl den anderen als auch sich selbst
alles leicht zu machen. Er suchte überhaupt auf keine Weise
etwas zu erschweren. Selbst die sehr strengen Gesetze des
Osterfestes handhabe er mit besonderer Milde in Bezug auf
seine Person und auch bezüglich der anderen.[1])

In dieser Auffassung gleicht Rabbi Nachman seinem
Großvater, dem Bescht, der ebenfalls immer gesagt hat: „Man
soll nicht allzuviel nachgrübeln über alles was man tut. Denn
das ist ein böser Trieb in steter Angst zu leben, ob man nur
ganz genau alles beobachtet hat.[2]) Diese Lehre ist ein direk-
ter Gegensatz zu der des Rabbi Lurja, welche geradezu eine
Pedanterie in der Ausübung der Gebote entwickelt.[3])

Nach der Ansicht des Rabbi Nachman beruht das Judentum auf dem Glauben als auf der Urbasis, keineswegs auf philo-
sophischer oder selbst praktischer Forschung. Der Jude muß
aufrichtig und einfach glauben. Daraus dürfte man aber nicht
folgern, daß die Vernunft ganz überflüssig sei, da es doch verboten ist, dieselbe zu profanem Wissen zu gebrauchen und
zum aufrichtigen Glauben ist sie gar nicht notwendig. Rabbi
Nachman weiß den Wert der Vernunft zu schätzen. Er unterscheidet nur die äußere Vernunft, welche man durch profanes
Wissen erworben hat und welche eher schädlich wirkt, da sie
Herz und Kopf des Menschen verstopft, von derjenigen Vernunft, welche im Innern des Menschen sich befindet und die
heilig ist, weil sie einer reinen Quelle entströmt, von der „höchsten Vernunft der Heiligkeit." Diese Vernunft ist die wichtigste
im Leben des Menschen. Diese bildet sein „Ich", seine Seele.

---

[1]) R. Nachman: Likute Mah'ran II. 24, 94, 104; Sichot haran, 207.
R. Nathan: Chaje Mah'ran II. lit. Awodat adonaj.

[2]) Bescht: Zawaat hariwusch. Lemberg 1865.

[3]) R. Chaim Vital: Einltg. zu Ez chajim. Sedilkow 1802.

Diese muß der Mensch immer zu verjüngen, zu entwickeln trachten. Denn „mit ihrer Verjüngung geht Hand in Hand auch die Verjüngung der Seele." Man muß immer Gott suchen und sich in seine Betrachtung vertiefen. „Überall in den tiefsten Tiefen muß man Gott suchen." Der Gedanke selbst muß geheiligt sein, so man an Gott denkt. Denn dadurch geht man in ihm auf. „Dort, wo die Vernunft tätig ist, dort ist auch der ganze Mensch." Aus diesem guten Gedanken heraus, aus der „innigen Sehnsucht nach Gott," entsteht die Seele und „die Vernunft wird in Tat umgesetzt. Es entsteht ein Intellekt in Wirklichkeit und das ist „das Unsterbliche an ihm." Denn was grundsächlich vom Menschen nach dem Tode bestehen bleibt, ist der erworbene Intellekt", der „fortwährend wirkende Intellekt". Wer diesen besitzt, kennt „keinen Unterschied zwischen Leben und Tod, denn er ist stets mit Gott vereint. Er lebt also ein ewiges Leben, quasi wie Gott." Diesen Rang des Intellekts kann man nur durch „wahren, aufrichtigen Glauben" erlangen. „Durch den Glauben werden wir weise"[1].

Diese Ansicht des Rabbi Nachman kommt im wesentlichen bereits bei dem von ihm so sehr gehaßten Maimonides vor. Dieser sagt: „Die Seele eines jeden Menschen ist die Form, die ihm Gott gegeben und die höhere Erkenntnis, die ihm innewohnt, bildet die Form des vollkommenen Menschen." Die ist dann unsterblich. „Denn die unsterblichen Seelen sind grundverschieden, von den im menschlichen Körper, bei dessen Lebzeiten befindlichen. Diese sind bloß eine Anlage, eine Fähigkeit, während jene tatsächlich sind." Und diese aus dem Intellekt und der Erkenntnis gebildeten Seelen, die „sind der Herrlichkeit der Schechina teilhaftig." Es ist ihnen gegönnt „im Bewußtsein der Erkenntnis Gottes zu schwelgen. Wie die heiligen Geschöpfe und allerhand Engelsarten das Wesen Gottes erfassen und erkennen"[2].

---

[1] R. Nachman: Likute ezoth lit. Emunah, Daath, Jirah.
R. Nachman: Likute Mah'ran I. 70. Sefer hamidoth lit. Emunah.
[2] Maimonides: Jesode hatora IV. lit. Ch. More Nebochim I. 70. Vgl. ibid. Cap. 40, 41. Sulzbach 1828. Maimonides: Kommentar zu Mischnajot Sanhedrin Chelek.

In diesen Worten des Maimonides sind also die des Rabbi Nachman offenbar enthalten. Sie differieren eigentlich nur in der Auffassung der Quiddität des erworbenen Intellekts. Nach im offenen Felde sitzen, ich würde doch mein Zutrauen zu Gott und Naturwissenschaft; Rabbi Nachman aber läßt ihn nur aus reinem einfachen Glauben hervorkommen und aus der Kenntnis der Thora, da man ohne Klügelei und profanes Wissen die Gotteserkenntnis erwirbt.

Er verbot seinen Leuten, seiner Lehre gemäß die „verschiedenen Spekulationen im Leben." Nur auf Gott soll man vertrauen, denn er nimmt sich gewiß derjenigen an, die ihn aufrichtig anrufen. Von sich selbst sagte er: „Würde ich auch im offenen Felde sitzen, ich würde doch mein Zutrauen zu Gott haben, daß er mir bescheren möchte was ich brauche." Aus demselben Grunde verbot er die Zuhilfenahme von Ärzten, die er als wirkliche Mörder bezeichnete, welche eigenhändig die Leute töten." Auch von ihnen sagte er ironisch: Sie erleichtern dem Todesengel seine Arbeit, die er allein doch schwer vollführen könnte. Nur auf Gott vertrauen und in ihn seinen Glauben setzen. Alle Entbehrungen, unter denen der Mensch zu leiden hat, sei es Mangel an Nahrung oder an Gesundheit, die hat er „nur sich selbst zuzuschreiben", denn von Gott komme nichts Schlechtes. Der Mensch geht nur infolge seiner Sünden der Fähigkeit verlustig, das Licht Gottes, das ihn ewig bestrahlt, zu empfangen. Er muß daher an Gott glauben, und er wird sich seines Lichtes freuen. Rabbi Nachman konnte aber, da er selbst erkrankte, nicht der Versuchung widerstehen und in Lemberg ärztliche Hilfe aufzusuchen. Freilich wußten es dann seine Schüler als besondere Pflicht darzustellen, die ihm vom Himmel auferlegt wurde, er solle sich mit Heilmitteln, aus Gründen, die nur ihm bekannt sind, beschäftigen.[1]

Auch mit der wissenschaftlichen Forschung verfuhr Rabbi Nachman so. Er selbst studierte manche wissenschaftliche Bücher, wie die Sage erzählt und rühmte sich dann, daß sich

---

[1] R. Nachman: Likute Mah'ran I., 24, II., 144; Sichot haran 100.

an ihm der Ausspruch bewahrheite: „Und wisse wie dem Epikuräer zu begegnen"[1]). Gestützt auf seine „Belesenheit" suchte er die Behauptungen mancher Forscher zu widerlegen. Interessant ist z. B. seine Widerlegung bezüglich der Annahme, daß der Mond bevölkert sei. „Der Mond" sagt er, „sei wie ein Spiegel, der alles widerspiegelt, was sich ihm gegenüber befindet. Wir sehen also im Monde nur was auf der Erde ist aber nicht andere Wesen, die dort seßhaft sein könnten[2]). Zuweilen ließ er einen Strahl der Kritik durchschimmern, was unbedingt die Lektüre so mancher Bücher verriet. Eine Äußerung von ihm wirkt geradezu erschütternd in der chassidischen Welt und trug ihm den Verdacht der Ketzerei ein „Die Welt wird im Verhältnis der Kenntnis der Thora und der Naturwissenschaften diesen untergeordnet." Er gesellt also dem Studium der Thora auch das der Naturwissenschaft bei. Ein Ausspruch, der aus seinem Munde unglaublich klingt[3]).

VIII.

Rabbi Nachman gestaltete das Judentum volkstümlich dadurch, daß er den Glauben zur Grundlage desselben machte. Er befreite es von den eng umgrenzten Linien und machte es für jeden gleich. Ja er begründete dadurch, vielleicht ganz unbewußt, eine weit ausgedehnte Anschauung, den Begriff des Judentums als allgemeine Religion, welche die ganze Welt ernähren kann. Eine Anschauung, deren Ursprung bei den Propheten, bei Hillel und auch bei vielen älteren Agadisten vorkommt. Rabbi Nachman sagt nun: „Das Judentum ist auf der ganzen Erde ausgebreitet und die Völker der Welt nehmen davon ihr Leben"[4]). Eine Anschauung, welche auch jetzt geteilt wird[5]).

Von diesen Gesichtspunkten ausgehend, ist Rabbi Nach-

---

[1]) Awoth II.
[2]) R. Nathan: Chaje Mah'ran II. R. Nachman: Likute Mah'ran. I. 62, 140.
[3]) R. Nachman: Sefer hamidoth lit. Daat.
[4]) R. Nachman: Likute ezoth lit. Hitchaz'kuth.
[5]) Cornill: Der isr. Prophetismus. S. 178. Straßburg 1906. Vgl. Cornill, Aufsatz im Buche „Das Christentum". Leipzig 1908. S. 22.

man ein Gegner jeder separierten „Sekte" im Judentum, sie
spekulativ oder gelehrt sein. Er kann aus diesem Grunde die
„Lamdanim" (Gelehrte) nicht dulden, welche von oben herab
auf das ungebildete Volk blicken, das in ihren Augen ganz
gering geachtet wird. Ebensowenig kann er die Forscher und
Philosophen leiden. Er ist keineswegs ein Gegner des rabbinischen Unterrichts, wie der Bescht und seine Schüler es
waren. Er empfiehlt im Gegenteil das Studium des Talmud
und Schulchan-Aruch, nur darf man sich deshalb nicht als über
dem Volke stehend wähnen. Diese stolzen Gelehrten haßt er.
„Man sollte sie verachten und geringschätzen." Denn man
kann wahrlich ein ganz frommer Mensch sein, auch wenn man
gar nicht Talmudkenner ist. Man kann sogar ein „Zaddik"
sein. Auch „durch das Rezitieren von Psalmen steigen wir
im Range" und „Gott ist stolz auf jeden einen, selbst den
winzigsten, er mag sogar ein Sünder sein, solange er den
Namen Israels trägt". Er empfahl das einfache und beschleunigte Talmudstudium, ohne haarspalterische Hypothesen, denn
„diese Pilpulistik enthält mehr Böses als Gutes". Er zürnt
jenen Gelehrten, welche den Ehrgeiz haben, immer Neues zu
schaffen. „Jeder von ihnen möchte ein neues Gesetz heraus-
finden"[1]). Überhaupt ist das Lernen nur ein Mittel für den
Gottesdienst. Es gibt zweierlei Gottesdienst. Einen inneren,
der besteht im Studium und Gebet, und einen äußeren Gottesdienst, wie Speise, Trank und sonstige körperliche Befriedi-
gungen. Auch mit den letzteren kann und soll man Gott dienen.
Da doch alles Gott, alles rein und heilig ist. Gibt es doch in
der Welt kein Böses. Wir sind ja verpflichtet, überall Gott zu
suchen. Und dadurch, daß wir ihm mit allem dienen, verein-
heitlichen wir alles gründlich[2]). Auch darin glich Rabbi Nachman seinem Großvater, dem Bescht, der sagte: „Gott will auf
jede Weise verehrt sein"[3]).

---

[1]) R. Nachman: Likute Mah'ran I. 108, 124; Sefer hamidot
lit. Bischa u. Hitnasut.
R. Nathan: Chaje Mah'ran II. lit. Awodat adonaj.
[2]) R. Nachman: Likute ezzot. lit. Jirah.
[3]) Bescht: Zawaat hariwusch.   4

Dieser äußere Dienst hat noch einen Vorzug vor dem inneren. Da doch in solchen Dingen die Lust und der böse Trieb den Menschen beherrschen, da kann all die „Wärme und die große Begeisterung mit in den Gottesdienst aufgenommen werden". Die Bekämpfung des bösen Triebes bezeichnet Rabbi Nachman mit Vorliebe als die wichtigste Eigenschaft des Menschen, durch welche er selbst Engel überragt. „Wenn kein böser Trieb vorhanden ist, der durch den guten Trieb bezwungen werden kann, dann ist der Dienst nicht vollkommen"[1]).

Schließlich mußte aber Rabbi Nachman doch einsehen, daß diese Richtung für das Volk zu gefährlich ist. Daß sie nur für gewisse hervorragende Menschen ist, bei denen „die körperliche Vervollkommnung der der Seele vorangehen kann". Bei den mittelmäßigen Klassen hingegen ist es gefahrvoll, den Gottesdienst auch auf physische Mittel auszudehnen. Da müßte früher allen sinnlichen Begierden, dem „Tierischen im Menschen, Einhalt geboten werden"[2]). In dieser Beziehung entfernte sich Rabbi Nachman ganz erheblich vom Bescht. Dieser sagte: „Ich bin auf diese Welt gekommen, um den Menschen einen anderen Weg zu zeigen, durch den sie folgende drei Dinge erreichen können: Liebe zu Gott, Liebe zu Israel und Liebe zur Thora, und daß es keiner Kasteiung bedarf"[3]). Rabbi Nachman fand dieses System zu ideal und nur geistig hochstehenden Menschen, nicht aber dem ganzen Volke zugänglich. Dieses Ideal ist wohl der endgiltige Zweck. Aber um das Volk dahin zu bringen, müßte man zuerst „das Tierische von ihm abstreifen".

Darin erkennt man den Einfluß der Lurjanschen Kabbala, wenn auch Rabbi Nachman sich nicht ganz unter ihm befunden hat. Nach dieser Kabbala bilden die Fasttage und Kasteiungen einen Zweck für sich. Bei Rabbi Nachman sind sie aber nur

---

[1]) R. Nachman: Likute Mah'ran II. 104.
[2]) R. Nachman: a. a. O. I. 76. 108.
[3]) R. Baruch aus Miedziboz: Bozina din'hora. S. 90. Lemberg 1879.

ein Mittel, durch welches man eher das erhabene Ziel des Chassidismus, die ideale Liebe erreichen kann.

Der größte und wichtigste Gottesdienst, der nach seiner Ansicht den höchsten Rang einnimmt, ist d a s G e b e t. Dieses ist gleichsam ein Stück der „Schechina", und je mehr Gebete man verrichtet, desto stärker wird sie erbaut. Das Gebet muß freudig und mit Begeisterung vor sich gehen. Man muß sich „Gott anschließen unter gänzlicher Verleugnung seines eigenen Wesens. Nur in Gott aufgehen". Man gleicht da einem, der vor dem König steht und alle seine Gedanken aufgibt, um sich ganz auf das Bewußtsein der Gegenwart der Majestät zu konzentrieren. Der Betende muß jedes Wort andächtig aussprechen. Er gleicht „einem Wanderer auf dem Felde, der allerlei Blumen einzeln zusammensucht, um aus ihnen ein schönes Bukett zu verfertigen". Ebenso muß jeder Buchstabe zu Worten, zu Sätzen und dann zu Gebeten zusammengesetzt werden. Jedes Wort des Gebetes klammert sich an die Seele des Betenden, hält sie fest umschlungen, damit sie sich ni_ht von ihr absondert: „Wie kannst du mich denn verlassen, da du doch meine Herrlichkeit und Pracht schaust. Höre nur gut auf jedes einzelne Wort, das du aussprichst. Halte aufrecht die Verbindung zwischen dem Ohr und dem Mund." Und so böse Gedanken über den Menschen kommen, während seines Gebetes, dann soll er sich nur nicht durch sie verwirren lassen. Denn sie können ihm im Gegenteil noch nützlich sein, „wenn er sie überwindet und den bösen Trieb zum Gottesdienst zwingt". Das Gebet muß ganz durchgeistigt sein, „wegen der Vervollkommnung seines Seelenheils"[1]).

Das Gebet im Freien ist noch nützlicher und wirksamer. Wenn man zwischen den „Keimen der Erde" betet, fern von Menschen, „von den lügnerischen, irrenden und verführenden Menschen". Dort treffen sich die Gebete des Himmels und der Erde mit denen der gesamten Schöpfung und ergänzen ein-

---

1) R. Nachman: Likute Mah'ran I. 2. 4. 104; Likute ezzot, lit. Tefila Mamon.

4*

ander zu einer herrlichen Harmonie. „Jedes Gräschen ver-
mengt sich mit dem Gebete, ergänzt es und verleiht ihm Kraft."
Alles „wird angeregt zum Preise und zum Lobe Gottes". „Er
ruft sie alle an und trägt ihnen Lobgesänge auf." „Preiset Gott
vom Himmel, preiset ihn alle seine Engel, preiset ihn alle seine
Heerscharen"[1]).

Rabbi Nachman, der Gefühlsmensch, zieht eben ein
solches Gebet, das aus der Herzenstiefe kommt, da das Gefühl
des Betenden überhand nimmt, den herkömmlichen Gebeten vor,
welche mechanisch hergemurmelt werden ohne Herz, ohne Gefühl. Es wäre besser, sagte er, wenn jeder Mensch in seiner
Gefühlserregung und in der Sprache, die ihm geläufig ist, seine
eigenen Gebete, wie er sie will, verrichten würde. Denn „wenn
man in der Umgangssprache betet, kann man sich leichter
herzlich geben und die Annäherung an Gott suchen". Aber
selbst ein so willensstarker Mann, wie Rabbi Nachman, konnte
nicht gegen die herkömmlichen Gebete ankämpfen, und „da
bereits die Mitglieder der großen Synode für uns Gebete festgesetzt haben, müssen wir sie in hebräischer Sprache, wie sie
es bestimmten, verrichten". So schließt Rabbi Nachman seine
Betrachtung. Im Grunde wich er aber von seiner Ansicht nicht
ab. Da er die festgesetzten Gebete nicht gegen andere ver-
tauschen konnte und auch ihre Sprache lassen mußte, riet er
dem Menschen, „täglich noch neue Gebete hinzuzufügen, die er
in seiner Einsamkeit, in seiner Sprache zu Gott senden möge"[2]).

Die Einsamkeit spielt auch eine wichtige Rolle im Chassidismus überhaupt und speziell in dem von Brazlaw. „Die Einsamkeit" — sagte Rabbi Nachman — „ist die höchste, alles
überragende Stufe." Nur durch sie kann man die Verleugnung
des „Ich" herbeiführen (Bitul hajesch) und in dem „En-Sof"[3])
aufgehen. Der Mensch muß daher streben, „zumindest eine

[1]) R. Nachman: Likute ezoth lit. hitbod'duth, neginah.
R. Nachman: Likute Mah'ran II. 22.
[2]) R. Nachman: Likute Mah'ran II. 50. 220.
[3]) Das Unendliche.

Stunde täglich einsam zu sein. Hauptsächlich in der Nacht, da
alles schläft, alles ruht und draußen, außerhalb der Stadt, im
Felde, im Walde und auf der Wiese. Diese führen eine
Anregung des Herzens herbei". Dort, in dem freien, ausge-
dehnten Raume der Schöpfung, in der Herrlichkeit der Natur,
denkt er an und mit Gott. Dort ergießt er sein Gespräch vor
ihm in herzlich innigen Worten und in der Sprache, die er
immer spricht. Dort verbindet sich das Ich mit dem Welten-
gott, mit dem Gott der Natur, durch das Gebet. Dort, in der
Einsamkeit, „spricht er faktisch zu Gott. Und gleichzeitig
breitet auch die ‚Schechina‘ ihre Gespräche und ihren Kummer
vor dem Menschen aus. Dann geht eine Seele in ihrer Wurzel
in Gott auf. Alle Welten sind dann eins mit ihm und vervollkommnen sich mit seiner Seele an ihrer Wurzel bei Gott"[1]).

IX.

Rabbi Nachman kennt keine üblichen Gesetze bei Israel.
Alles ist göttlich. Alles umschwebt der religiöse Geist. Alles
im Verhältnis zu Gott und zu den Mitmenschen. Alles ist in der
jüdischen Religion enthalten und außer dieser ist nichts. Er
weist, nach der Art der jüdischen Mystiker, auf die
„Schlange der Urzeit" hin als die Quelle des Bösen.
Nach der Sünde des ersten Menschenpaares kommen
die Menschen mit ihrem Hang zum Bösen zur Welt, und
einzig nur die Furcht vor der Strafe Gottes kann, nach der
Ansicht des Rabbi Nachman, den Menschen erziehen und ihn
zum Guten bekehren, nicht aber die Liebe. Der Gegensatz der
Bescht'schen Theorie. Dieser begründete das ganze Judentum
nur auf Liebe. Rabbi Nachman legt dagegen nur auf die
Gottesfurcht das Hauptgewicht. Denn „die Furcht sei die
Hauptursache der Vollkommenheit". Die Liebe stehe ihr nur
helfend zur Seite[2]).

---

[1]) R. Nachman: Likute Mah'ran I. 104; Likute ezzot. lit.
hitbodedut.
[2]) R. Nachman: Likute ezzot. lit. Chakirot u. Jirah.

Der Jude hat also, so kann man aus den Worten des Rabbi Nachman folgern, gar keinen freien Willen. Unter freier Wahl versteht man ein innerlich freies Gefühl ohne irgendwelchen Zwang oder irgendwelche Neigung. Wir sehen also hier, daß der Mensch in jeder Beziehung entweder von seinem Triebe oder von der Gottesfurcht geleitet wird, welche ihm gebietet und bestimmte Handlungen auferlegt. Darunter leidet aber die Lauterkeit der Religion, welche doch nur auf freier Wahl aufgebaut ist, ganz besonders beim Judentum, welches weit und breit verkündet: „Siehe, ich gab euch heute das Leben und das Gute, den Tod und das Böse"[1]). Um nun dieser imperativen Kraft der Gottesfurcht ihre Spitze zu nehmen und um sich gewissermaßen aus der Schlinge zu ziehen, sagt Rabbi Nachman an einer anderen Stelle: „Der Mensch besitze eine vollständig freie Wahl, er werde überhaupt nicht von Geboten unterjocht"[2]).

Diese Zweideutigkeit kann uns bei Rabbi Nachman nicht wundern, da wir es doch nicht mit einem Philosophen zu tun haben, dessen Gedanken logisch aneinandergereiht werden müssen. Er ließ sich vielmehr von seinem überaus starken Gefühl und dem mächtigen Glauben hinreißen, bald das eine, bald das andere für wahr anzugeben, ohne gar selbst den Widerspruch in seinen Äußerungen zu merken. Ebensowenig merkte der große Augustin die diesbezüglichen Gegensätze, in die er sich verwickelte.[3]) Der Glaube, der keine Widersprüche kennt oder kennen will, war eben für beide der Leitstern.

Rabbi Nachman ist ebenso in seinen ethischen Grundsätzen nicht konsequent. So hören wir einmal mit ungeheurer Strenge vor der Lüge warnen: „Die Lüge ist das Böse, das Unreine". „Die Lüge erstrebt das Göttliche vom Menschen." Manchmal treibt er es sogar bis an das Äußerste: „Lieber sterben als durch Lügen sein Leben fristen". Da glaubt man beinahe Kant sprechen zu hören, der auch die Notlüge verbietet. Und wir

[1]) Deut. 30. 15.
[2]) R. Nathan: Chaje Mah'ran 24.
[3]) s. K. Vorländer: Gesch. d. Phil. I. 227 z. Leipzig 1908.

wären nun berechtigt anzunehmen, daß sich auch Rabbi Nachman diesen kategorischen Imperativ in seiner ganzen Strenge
zum moralischen und ethischen Grundsatz gemacht hat. Wir
werden aber bald eines anderen belehrt: „So es gilt sich zu
retten, darf man seine Angaben ändern", ebenso wenn es gilt
„Frieden zu stiften". Und milde und besonders freigebig ver-
fährt er auch hier. „Eine Lüge wird nur mit dem Munde ausgesprochen, darf aber nicht schriftlich erhärtet werden." „Die
Thora, die Propheten und die Weisen sprachen in Hyperbeln."
Einmal lobt er den Landbau und den Grundbesitz: „wer keinen
Boden sein eigen nennt, sei gar kein Mensch." Ein andermal
wieder findet er die Begierde nach Grund und Boden ganz nutz-
los. Ja er geht einmal so weit, daß er dem fleißigen Ackerbauer
eines von den folgenden drei Attributen in Aussicht stellt: „Er
wird entweder ein Mörder, ein Aussätziger oder ein Sauf-
bold."[1]

Trotz der Schattenseiten, die wir in der erwähnten Richtung bei Rabbi Nachman enthüllt haben, wird sein Verdienst
auf anderen Gebieten, wegen des ethischen Gehalts derselben
nicht geschmälert, da er doch in seiner ganzen Größe und Reinheit uns erscheint. Er verbietet sehr eindringlich jede Art von
Schmeichelei und Neid. Man soll keinen Menschen geringschätzen, niemand erzürnen, und „so dich jemand beschämt, sei
ihm nur dankbar". Man soll sich nicht dem übermäßigen Trunke
ergeben, und nicht ungeziemende Reden führen. Er schärft
Wohltätigkeit ein, Gastfreundschaft, Liebe, friedliches und ein-
trächtiges Verhalten. Man soll in jedem bösen Dinge den
guten Kern hervorsuchen. „Selbst in dem vollendeten Frevler
kann man eine gute Seite finden." Man muß jeden Menschen,
selbst seinen heftigsten Gegner wohlwollend beurteilen. Vielleicht ist er irgendwie im Rechte. Man soll seinen Gegner nicht
verfolgen, sondern ihm im Gegenteil freundlich entgegenkommen. „So man dich schmäht, schweige. Nicht um dadurch
deinen Lästerer zu erzürnen, sondern aus innerer Liebe". Man

---

[1] Rabbi Nachman: Sefer hamidot lit. Emunah, Bajit, Mamon,
Meriwa.

soll immer demütig sein. Die Demut darf sich nicht im Beugen des Nackens äußern, das ist eine „äußere Demut, die unwürdig ist," sondern es muß eine innere Demut sein, „eine Demut, die der Weisheit entstammt."[1]) Hier ging er in den Fußtapfen des Bescht, welcher dafür ein schönes Gleichnis anführte. Ein König wollte seine Demut und Bescheidenheit öffentlich kundtun, indem er seinen Wagen voranziehen ließ, während er zu Fuß hinterherging. Da machte ihn ein ihm begegnender Weiser darauf aufmerksam, daß dies nicht wahre Demut sei. „Besteige den Wagen und führe einen bescheidenen Lebenswandel. Das ist die Bescheidenheit, die aus dem Herzen kommt."[2])

Er schärfte besonders ein im Handel reell zu sein, „denn auf solche Weise bekunde man die Befolgung des Gebotes: „Liebe deinen Nächsten wie dich selbst, welches die Grundlage aller Gebote ist." Man soll nicht auf Zinsen borgen. Man soll sich mit wenigem begnügen und „seinen Haushalt den Verhältnissen angepaßt führen". „Lieber selbst Mangel leiden und sei es auch an Nahrung, Kleidung und Unterstand sich einschränken, als Schuldner anderer zu sein." Man darf auch nicht „dieser Welt ganz entsagen, um nur Gott zu dienen." Denn man kommt da in die Lage, fremdes Brot zu essen und Gaben zu empfangen, welche das Leben als solches nichtig machen und die Lebensjahre verkürzen. Redlichen Handel kann man aber nur dann treiben, wenn man nicht nach Reichtümern hascht."[3])

Man findet in der ganzen einschlägigen Literatur nirgends eine so heftige Anfeindung des Reichtums wie bei Rabbi Nachman. „Das Geld verleitet zu allerlei Götzendienst." „Ein wahrhaft frommer Mann ist ganz fern von Sucht nach Reichtum." Er bekämpft aufs schärfste die eingebürgerte Ansicht, daß die reichen Leute mehr angesehen und geehrt, während die Armen geringgeschätzt sind, als ob sie nicht mitzählen würden, „gleich den Tieren". So daß „die Armen in ihren eigenen Augen sich vor den Reichen zurückgesetzt fühlen und sich selbst im Ver-

[1]) a. a. O. lit. Emuna, Chanifa, Kaas. Likute Mah'ran I. 184.
[2]) Sifse Zaddikim Abschn. Behaaloscha.
[3]) R. Nachman: Likute ezzot lit. Parnasa; Sichot haran 118.

hältnis zu den Geldmännern negieren". Von den Reichen sagt
er ironisch: „Sie sind stets Schuldner, Sklaven ihrer Begierden, Sklaven anderer." „Wäre es denn nicht besser," ruft
Rabbi Nachman aus, „wenn sie ihre goldenen und silbernen
Götzen wegwerfen möchten, um nur Gott zu dienen."[1])

Rabbi Nachman räumt der Frau Ehren ein, wenn er auch
andererseits widerrät, Ratschläge von ihr anzunehmen. Er ist
auch gegen die Ehescheidung. „Man soll absolut nicht seine
Frau fortschicken." Selbst wenn sie schlecht ist, soll man sie
nicht verstoßen, sondern darnach streben, mit ihr in Eintracht
zu leben. Er, der Apostel der Geduld, rät natürlich auch hier
dem Manne Geduld an. „Wer seine Frau fortschickt, hat kein
Glück."[2])

Aber nicht allein in den erwähnten Fällen, deren Folgen
greifbar sind, schreibt Rabbi Nachman seine ethischen Gesetze vor, sondern auch den Sinn und den Willen sucht er zu
klären. Die „Heiligkeit des Gedankens" hebt er besonders
hervor. „Die gute Absicht und der gute Wille sind an und für
sich sehr gut."[3]) „Ein gutes Vorhaben wird von Gott als die
entsprechende Handlung angesehen." Eine Ansicht, welche
bereits von den Talmudisten[4]) vertreten wurde und der auch
die gegenwärtigen Gelehrten huldigen[5]).

Alle deine Handlungen, alle deine Absichten, kurz dein
ganzes geistiges und physisches Leben soll in Freude vor sich
gehen. Dieser Freudenkult ist nicht erst vom Chassidismus
geschaffen worden. Er leitet noch vom Talmud seinen Ursprung ab[6]). Der lange Leidensweg des Golus hat Israels
Gemüt auf eine andere Saite gestimmt. Fasttage und tränen-

---

[1]) R. Nachman: Likute mah'ran I. 49, 50, 66; Likute ezzot lit.
Parnasa.

[2]) R. Nachman: Likute ezzot lit. Scholem, Chitun.; Sefer hamidot lit. ezza, Hazlacha.

[3]) R. Nachman: Sichot haran u. R. Nathan: Alim litrufo,
Brief 11.

[4]) Trakt. babli Kiduschin 40a.

[5]) Vgl. Külpe: Einleitg. in d. Phil. 306.

[6]) Trakt. babli Sabbat 30 b.

reiche Gebete verdrängten jedes freudige Gefühl. Man vernahm zwar hie und da seitens der jüdischen Denker, die unter dem Einflusse der griechischen Kultur standen, Protestrufe gegen die Trauerstimmung; aber diese Stimmen waren Israel fremd, sie quollen nicht aus den Tiefen s e i n e s Gemüts: sie waren vorwiegend der h e l l e n i s c h e n Seele entsprungen. Deshalb übten sie auch keine Wirkung auf ihn aus. Nachher kam die Kabbala des Rabbi Lurja mit ihrem großen Einflusse. aber auch mit ihren tristen Rezepten von Kasteiungen, Tränenbächen und Verringerung der Lebensfreude. Und so wurde der Freudenkult gänzlich vergessen, bis ihn der Chassidismus, mit Rabbi Nachman an der Spitze, voll Begeisterung wieder aufnahm. „Die Freude bewegt sich in den Sphären der Freiheit." „Die Vernunft wird durch die Freude gestärkt." „Mit dem frohen Menschen ist Gott, der traurige Mensch aber ist gottverlassen." Der Mensch muß dahin streben. Kummer und Trauer, die aus mancherlei Gründen über ihn kommen, in Freuden umzuwandeln. Sie in einer schönen, lustigen Melodie zu ertränken suchen. Denn der Gesang regt das Herz zu Gott an“[1]). Ganz im Sinne Spinozas: „Je mehr wir von Lust erregt werden, zu desto höherer Vollkommenheit gehen wir über, d. h. desto mehr sind wir der göttlichen Natur notwendig teilhaftig“[2]).

Für die guten Handlungen, die der Mensch verrichtet, soll er keinen Lohn erhoffen. Das Bewußtsein gut zu handeln, enthält bereits den Lohn in sich. Der Lohn einer guten Handlung ist eben in ihr enthalten, denn „der Handelnde genießt die Zufriedenheit der guten Tat“[3]). Ebenfalls ein spinozistischer Gedanke: „Wie weit jene von der wahren Schätzung der Tugend entfernt sind, die für Tugend und gute Handlungen, wie für sehr schwere Dienstleistungen, die höchsten Belohnungen von Gott

[1]) R. Nachman: Sefer hamidot lit. Azwut, Tefila; Likute Mah'ran II. 50.
[2]) Ethik IV. Th. Lehrs. 45.
[3]) R. Nachman: Likute Mah'ran II. 194; Likute ezzot lit. Tifila.

erwarten, als ob die Tugend und der Dienst Gottes nicht selbst
schon das Glück und die höchste Freiheit wären[1]).“

Aus der Betrachtung der moralischen und ethischen Ansichten des Rabbi Nachman können wir nun folgenden Schluß
ziehen: Obwohl er sehr gefühlvoll in allen seinen Anschauungen war, ist seine Ethik doch mehr Reflexionsmoral,
welche auf Vernunft, Betrachtung und Erkenntnis des Guten
beruht, denn Gefühlsmoral, die auf Herz, Barmherzigkeit u. dgl.
basiert. Das Gefühl ist sekundär, während die Vernunft
primär ist.

Die Gefühlsmoral finden wir speziell beim Propheten-
judentum, nachher beim Christentum, welches im Grundgedanken auf dem ersteren gestützt ist. Unter den Philosophen
hat Spinoza zuerst und dann im XIX. Jahrhundert Schopen-
hauer und Feuerbach die Gefühlsmoral als Grundlage der Ethik
benützt. Die Reflexionsmoral finden wir zunächst bei den
griechischen Weisen: Sokrates, Plato, Aristoteles und auch bei
den Stoikern und Epikuräern. Bei diesen geht Ethik und Vernunft Hand in Hand. Und in demselben Maße, in dem die
Vernunft wächst, wächst auch die Moral. Dann finden wir die
Reflexionsmoral bei den Scholastikern, später auch bei Leibniz,
Wolff, Kant und Hegel.

Auch bei Rabbi Nachman bildet die Vernunft die Grundlage der Ethik. Nach seiner Ansicht kann nur der Verstand
alle Gelüste fernhalten und der verständige Mensch kann jede
böse Leidenschaft bezwingen. Durch den Verstand wird auch
das Gefühl angeregt. Auch die Liebe ist von der Erkenntnis
abhängig.[2]) Selbstverständlich ist bei ihm Verstand und Erkenntnis nicht dasselbe wie bei den Philosophen. Er nimmt einfach die Auffassung der Thora.

Von diesen Gesichtspunkten ausgehend, anerkennt er
nicht die Vorzüge des Gefühls, die aus guten Neigungen ent-

[1]) Ethik II. Th. Lehrs. 49.
[2]) R. Nachman: Likute ezzot lit. Daat.

stehen. Nur in der Erkenntnis des Intellekts und in dem Kampfe gegen die bösen Triebe äußert sich die wahre Moral, welche den Menschen über die Engel erhebt, „weil er bösen Trieb hat"[1]. Hierin gleicht er Kant, dessen Ethik wesentlich im Kampfe gegen die schlechten Neigungen besteht.[2] Ein Gegensatz zur Ansicht des Maimonides, der sagte: „Der Fromme, dem die guten Eigenschaften angeboren sind, ist würdiger und vollkommener als der sich selbst Beherrschende."[3]

X.

Wenn einst ein Forscher über die Entstehung des Aphorismus im Judentum wird schreiben wollen, dann wird er dem Rabbi Nachman von Brazlaw seine Aufmerksamkeit zuwenden müssen.

Rabbi Nachman schrieb hie und da Aphorismen spekulativen Inhalts, und auch poetische, welche von Gedankentiefe und Scharfsinn zeugen.

Er behandelte in seinen Aphorismen: Gott, Seele, Glauben.

Die Gottheit ist hauptsächlich im Herzen.

Die Seele, das ist der Intellekt.

Die Verjüngung des Intellekts ist gleich Verjüngung der Seele.

Dort, wo der Verstand denkt, dort ist der Mensch.

Das ureigentliche Wesen des Menschen, das was der Mensch „Ich" nennt, ist die Seele, welche eine ewig bestehende Substanz bildet.

Der Ausspruch, das ist die Seele.

Der Ausspruch ist das Verzeichnis vom Gehirn.

Der Glaube hängt hauptsächlich am Vorstellungsvermögen.

Der Glaube beginnt vorzüglich dort, wo der Verstand unterbrochen wird.

---

[1] R. Nachman: Sefer hamidot lit. Tschuwa; R. Nathan: Alim litrufo, Brief 74.
[2] Krit. d. prakt. Vernunft. I. T., I. Bd., III. Hauptstück.
[3] Acht Abschnitte. T. 6.

Über das Denken schreibt er:

Die Gedanken im Gehirn sind nach den Eigenschaften des Menschen, und in demselben Maße, in welchem der Mensch irgendwelche Eigenschaften annimmt, wechseln allmählich seine Gedanken.

Der Mensch hat die Kraft, seine Gedanken willkürlich zu lenken.

Er kann sich auch für seine Idee opfern.

Die Gedanken sind im Gehirn kastenweise eingelagert und wenn sich der Mensch an etwas erinnert, sobald er durch Assoziation oder durch irgendein Merkmal darauf gelenkt wird, dann findet er die gesuchte Idee unter den vielen Paketen heraus, welche im Gehirn geordnet lagern. Dann entsteht ein Wirrwar und eine Unordnung unter ihnen.

Über die Wahrheit schrieb er:

Die Wahrheit ist einfach. So man von Silbergeräten aussagt, daß sie Silbergeräte seien, das ist die einzige, einfache Wahrheit. Will man aber lügen, dann kann man sagen, es wären Gold- oder Kupfergeräte u. dgl., die Lüge ist also vielfach.

Von Büchern und Wissenschaften sagte er:

Es gibt jetzt sehr viele Bücher und es wird noch sehr viele Bücher geben. Man darf aber keines davon verachten. denn alle sind für die Welt nötig. In jedem Buche spiegelt sich deutlich das Bild des Verfassers ab. Wer in der Lage ist, ein Buch zu schreiben und es nicht tut, gleicht einem, der seine Kinder verloren hat. Es bleibt vom Menschen nach seinem Absterben nur das Wissen zurück, welches er bei seinen Freunden und Schülern hinterlegt hat.

Von Israel schreibt er:

Wenn sich Israel vermehrt, dann schaffen die Völker für ihn neue Gesetze.

Wenn Israel in Eintracht lebt, haben die Völker vor ihm Angst. Zuweilen stiftet Gott Frieden unter Israel mit Hilfe der bösen Feinde. Infolge seiner Heuchelei wird es unter den Völkern geringgeschätzt werden.

Von den messianischen Tagen sagt er:

Infolge der Eintracht, die in Israel herrschen wird, soll der Messias kommen.

Jerusalem wird nicht eher erbaut werden, bis Friede in Israel einzieht.

Die Leute glauben, daß sie dann, wenn der Messias kommen wird, nicht sterben werden. Dem ist aber nicht so. Selbst der Messias wird sterben.

In den Tagen des Messias wird sich jeder für seine eigene Dummheit schämen.

Der Messias wird plötzlich erscheinen und es wird ein ungeheures Geräusch geben. Da wird jeder seine Geldgötzen verlassen und sich ihm zuwenden.

Die einfache Natur liebt Rabbi Nachman besonders und er widmet ihr schöne Aphorismen:

Jedes Gräschen hat sein eigenes Lied.

Jeder Hirt hat sein eigenes Lied, je nach dem Weideplatz den er bewacht.

„Der Himmel erzählt von der Herrlichkeit Gottes und das Firmament verkündet seiner Hände Werk." Das ist eine Gesangsharmonie der Naturwelt, der Himmelsgegenden.

Er schaut ganz anders auf die Menschen, die in der Welt, in dieser herrlichen Schöpfung, einhergehen. Sie sind teils ethisch verdorben, teils geistig zerrüttet.

Die ganze Welt ist voll von Streit. Streit zwischen den einzelnen Nationen, zwischen den einzelnen Städten und Häusern, zwischen Bruder und Schwester, zwischen Mann und Weib und Dienerschaft.

Die Welt ist ein Kreis. Alles dreht sich im Kreise. Vom Menschen wird ein Engel, vom Engel wieder ein Mensch. Vom Kopfe ein Fuß und vom Fuß wieder ein Kopf.

Andererseits sind sie unglücklich. Leiden viel Kummer und Pein:

> Des Menschen Lage in der Welt gleicht einem, der in der Mitte des Meeres an einem Haar nur hängt und ein Spiel ist der stürmischen Winde, die bis zum Himmel brausen.

> Alle sagen, es gibt ein Diesseits und ein Jenseits. Wir glauben nur an die Möglichkeit eines Jenseits. Es gibt vielleicht irgendwo ein Diesseits, aber wo? hier ist offenbar die reinste Hölle.

> Der Tote lächelt gewiß im Innern über diejenigen, die ihn beweinen, wie wenn sie ihm dadurch sagten: Wärest du noch länger in diesem Jammertal geblieben, um noch mehr an dem bitteren Kelch des Leidens zu nippen.

Für die Vergeßlichkeit des Menschen findet Rabbi Nachman einen Trost:

> Die Vergeßlichkeit hält man für einen großen Fehler. Ich sehe darin im Gegenteil einen großen Vorzug. Man vergißt das Böse!

Im Leben findet Rabbi Nachman helle und dunkle Punkte durcheinandergemischt. Auch in den guten Dingen findet er Böses.

> In der Thora ist Lebenselixier, aber auch Gift enthalten.

> Auch der Zaddik enthält Lebenssaft und Gift.

> Das Wort „Rabbi" ist eine Abbreviatur aus den Anfangsbuchstaben Rosch bene Israel (Das Haupt der Kinder Israels). Aber auch aus den (verhängnisvollen) Worten: Reschaim bachoschech jidamu (Die Frevler gehen im Finstern zu Grund).

In den schlechten Dingen findet er dagegen auch Gutes:

> Es gibt eine unreine Frechheit und eine heilige.

In der Ausgelassenheit und selbst in der Torheit gibt es ein gewisses Maß von Klugheit.

Der Streit hebt den Menschen empor und stellt ihn hoch, gleich wie das fließende Wasser das auf der Erde liegende Holz aufhebt. Es gibt auch Dinge, welche der Welt großen Schaden verursachen, und man fragt, wozu sie eigentlich geschaffen sind, da sie doch sicherlich irgendeine nützliche Seite haben.

Ironisch spricht Rabbi Nachman von den Leidenschaftlichen:

Der böse Trieb betrügt die ganze Welt. Er gleicht einem mit geschlossener Hand Herumlaufenden, der alle neugierig macht, ob er denn in der Hand habe, wonach jeder gelüstet. Zum Schluß stellt sich heraus, daß er nichts in der Hand hatte. Alle geben sich dem bösen Trieb hin, in der Hoffnung, daß er ihre Begierden erfüllen könne. Am Ende ist nichts. Denn es gibt keinen, der seine Begierden bei ihm befriedigen würde.

Vom Menschen überhaupt sagt Rabbi Nachman:

Der Mensch ist ein Mikrokosmos.

Das Hausgesinde gleich einem kleinen Volke.

Die Körperbeschaffenheit, die Lebensweise und die Natur des Menschen richten sich stets nach denen seiner Eltern.

Es soll uns nicht wundern, daß dies winzige Geschöpf Mensch alle Welten in sich konzentriert. Denn so ist es: Wo immer der heilige Geist ruht, da faßt das Geringe das Viele.

Alles was gegen den Willen des Menschen ist, das wird als Böses bezeichnet[1]).

---

[1]) Likute Ezzot, Sefer hamidoth, Likute Mah'ran I. II. Sichot haran. R. Nathan: Chaje Mah'ran.

XI.

Rabbi Nachman war ein Märchenerzähler. Nicht um die rein künstlerische Schönheit seiner Erzählungen war es ihm zu tun, sondern um die Sache des Himmels, um den Chassidismus, um s e i n e n Chassidismus.

„Zuweilen" — sagte er — „sieht sich der Zaddik genötigt, seine Lehre in Erzählungsform aus der äußeren Welt zu kleiden." Nicht immer kann der Zaddik seine Lehre so ganz unverhüllt verkünden, ebensowenig wie man dem Kranken die Arznei ohne verschiedene Beimengungen verabreichen kann. „Die Thora allein ist auch in Erzählungen gehüllt, weil es nicht anging, sie so, wie sie war, zu überliefern[1])."

Rabbi Nachman steht mit seinen Märchenerzählungen vereinzelt da, nicht nur unter den Chassidim des Bescht, sondern auch überhaupt in der ganzen alten jüdischen Literatur.

Rabbi Nachman hatte von seiner Dichterseele und reichen Phantasie seinen Erzählungen mitgeteilt. Er gab uns dreizehn Erzählungen vom Menschen und vom Tier, von den Vögeln, Bergen, Tälern, Meeren und Wüsten. Auch von bösen Geistern und Gespenstern.

Unter seinen Märchen finden wir folgende Titel: „Die verschwundene Königstochter." „Kaiser und König." „Ein König, der ein Taufgesetz erließ." „Der kinderlose König." „Der König und der Weise." „Der König als großer Städteeroberer." „Ein Rabbi, der einen einzigen Sohn hatte." „Ein Weiser und ein Einfältiger." „Der Reiche und der Arme." „Ein Königssohn und der Sohn einer Magd, die vertauscht wurden." „Der Vorbeter." „Die sieben Bettler."

Seine Märchen waren teils allgemein gehalten, teils jüdischen Inhalts.

Den Stoff nahm er von überall her und verstand es, demselben Form und Geist zu geben. Alles bewegt sich hier in der Atmosphäre reicher, wilder, ausgedehnter Phantasie und schauerlicher Schilderungen.

---

[1]) R. Nachman: Likute Mah'ran I. 176.   5

Seine Märchensammlung[1]) bereicherte überhaupt die ältere und speziell die chassidische Literatur. Sie wurden von Tausenden gelesen. Mann und Weib ergötzte sich daran, und so wurde sie bald ein volkstümliches Buch im vollsten Sinne des Wortes.

Rabbi Nachman erzählte sie zunächst seinen Leuten in deutsch-jüdischer Sprache, trug ihnen aber vor seinem Tode auf, sie in dieser Sprache und auch in hebräischer Übersetzung herauszugeben, um sie auf solche Weise zu verbreiten.

Die Chassidim aus Brazlaw verstanden zum größten Teil seine Erzählungen gar nicht. Sie glaubten aber an sie. Sie glaubten, daß sie von einem reinen, heiligen Geiste umschwebt werden. Sie kannten auch keinen Unterschied zwischen dem Buche „Likute Mah'ran" und den Märchen. Beide waren heilig und rein wie die Lehre Mosis.

Die Schüler des Rabbi Nachman, hauptsächlich Rabbi Nathan, versahen die Erzählungen mit Erläuterungen und bestrebten sich, die Ansicht und den ethischen Gehalt des Autors herauszufinden, was ihnen keineswegs gelungen ist. Man kann die chassidischen Ansichten des Rabbi Nachman sehr schwer und zwar aus den drei Erzählungen enträtseln: „Ein Rabbi und sein einziger Sohn", „Ein Weiser und ein Einfältiger" und „Der Vorbeter".

In der ersten Erzählung: „Der Rabbi und sein einziger Sohn" weist er auf die geschmacklosen Gebete und das inhaltlose Studium der Rabbinen hin, wie sie leblos und bar jedes religiösen Gefühls sind. Und das Facit ist, daß nur der Zaddik imstande ist, den Glauben des Herzens zu erfrischen.

Aus der Erzählung „Der Weise und der Einfältige" spricht deutlich seine chassidische Tendenz. Aufrichtigkeit und Einfachheit seien die wichtigsten und besten Eigenschaften des Menschen. Der Weise, der Philosoph, wird dort als unglücklicher, irrender Mann geschildert, der stets erregt und erzürnt ist, da er keinen festen Halt im Leben hat. Sein Genosse der

---

[1]) Einige sind bereits in deutscher Bearbeitung von Martin Buber unter dem Titel: „Die Geschichten des Rabbi Nachman" erschienen.

„Einfältige" als ein glücklicher Mensch, der siegreich aus dem Kampfe um die Existenz hervorgeht.

In der Erzählung „der Vorbeter" zeigt er nochmals seine Gegnerschaft zum Reichtum. Er erzählt da von Leuten, die sich infolge ihres großen Geldbesitzes einbildeten, sie wären Götter, und je reicher einer wäre, desto größer wäre auch seine göttliche Macht. Die armen Leute wurden von ihnen wie das Vieh behandelt. das nur dazu da ist, um den Göttern geopfert zu werden.

Unter den erwähnten dreizehn Erzählungen zeichnen sich zwei besonders durch poetischen Reichtum und schöne Phantasieschilderungen aus, so daß sie nach meiner Ansicht über allen anderen Erzählungen stehen. Es sind das die Erzählungen: „Der Königssohn und der Sohn einer Magd, die vertauscht wurden" und „die sieben Bettler".

Es sei mir gestattet, hier einige vortreffliche Stellen aus diesen Erzählungen in deutscher Übersetzung anzuführen:

An einem und demselben Tage wurden dem Könige und dessen Magd, Söhne geboren. Beide Kinder wurden gleich nach ihrer Geburt vertauscht, ohne daß jemand davon wußte. Nach dem Tode des Königs bestieg der vermeintliche Sohn den Thron. Als er von dem Tausch erfahren hatte, begann er den wirklichen Königssohn derart zu unterdrücken, daß dieser, wiewohl auch ihm die Verwechslung bereits bekannt war, das Land verlassen mußte. Konnte er ja, machtlos wie er war, bei keinem Menschen Glauben finden. Er unternahm also eine weite Wanderung. Nach längerer Zeit trat er in den Dienst eines Viehhändlers, und lebte sehr kümmerlich. Eines schönen Tages führte er zusammen mit seinem Herrn das Vieh, da rissen zwei Tiere aus und liefen einem großen, dichten Walde zu. Der arme Diener verfolgte sie bis tief in den Wald, aus dem er dann keinen Rückweg fand. Die Nacht mit ihrem ungeheuren Schauer, der durch das Heulen von wilden Tieren noch gesteigert wurde, überfiel ihn und große Angst umgab den armen Hüter. Er bestieg daher einen hohen Baum, um

sich dort der Nachtruhe und der Sicherheit hinzugeben. Aber
wie groß war sein Schrecken, als er oben angelangt, einen
Mann fand, der, wie es sich bald zeigte, aus demselben Grunde
hier Zuflucht nahm. Er hatte ein flüchtiges Pferd bis hierher
verfolgt, als ihn die Nacht überraschte. Bei der Morgen-
dämmerung vernahmen sie ein „schallendes Gelächter, das
sich mit derartiger Intensität im ganzen Walde kundgab, daß
die Bäume und insbesondere der Baum, der die Flüchtlinge be-
herbergte, sich heftig schüttelten". Die beiden erschraken sehr.
Als es endlich ganz hell wurde, gewahrten sie die von ihnen
vermißten Tiere in friedlicher Ruhe am Fuße des Baumes
stehen. Als sie herabstiegen und die Tiere fassen wollten,
zerstoben sie nach verschiedenen Richtungen, so daß sich die
beiden Leidensgenossen trennen mußten. Der echte Königssohn
fand einen Sack mit Brot, der ihm sehr gelegen kam.
Er traf auch inzwischen den „Waldmenschen", dessen „Ur-
ahnen" hier hausten. Als ihm der Königssohn von den
entlaufenen Tieren erzählte, sagte ihm der Waldmensch:
„Laß ab, verfolge nicht mehr deine Sünden. Es ist kein Vieh,
es sind nur deine Sünden, die dich mitreißen." Und er lud ihn
ein, mit ihm zu gehen. Auf dem Wege trafen sie den Besitzer
des Pferdes. Als dieser das Brot sah, bat er um ein Stück
davon. Der Königssohn wollte ihm aber nur unter der Bedingung
etwas geben, daß er sich ihm als Knecht für immer ergebe.
Er ging darauf ein. Nun gingen alle drei zusammen. Sie kamen
zu einer „Stätte von Schlangen und Skorpionen", welche sie
nur mit Hilfe des Waldmenschen ohne Gefahr überschreiten
konnten. Sie kamen in das Haus des Waldmenschen, das sich
in der Luft befand. Hier bewirtete sie der Waldmensch und
ließ sie dann im Hause allein. Da erzählte der Besitzer des
Pferdes dem Königssohn von seinem Leben. Er war infolge
einer gleich bei seiner Geburt unterlaufenen Verwechslung
König geworden und hatte dann den wirklichen Königssohn verstoßen. Darüber empfand er später solche Reue,
daß er dem Throne entsagte und auswanderte. Der
Königssohn hörte dies und behielt es bei sich. Als

der „Waldmensch" wiederkam, aßen sie ihr Abend-
brot zusammen und übernachteten dort. Des Morgens
hörten sie wieder ein „schallendes Lachen, welches
alle Bäume des Waldes erschütterte." Da erklärte ihnen der
Waldmensch, daß da der Tag die Nacht verlacht. Die Nacht
fragt ihn: „Warum muß ich fort, wenn du kommst, da lacht
der Tag so stark und gleich darauf wird es Tag." Als der
Tag verstrichen war und die Nacht kam, hörten sie wieder
den schauerlichen Lärm der wilden Tiere. Sie unterschieden
das Brüllen des Löwen und die Töne der Löwin, dann hörten
sie „das Zwitschern der Vögel und ihren Flügelschlag". Bald
darauf drang „eine herrliche Melodie an ihr Ohr". Weiche,
zarte Töne vereinigten sich zu einem Gesang, der wunder-
schön und doch erschauernd wirkte. Aber es war doch
wunderbar anziehend. „Alle Vergnügungen der Welt wurden
darin überboten". Da erklärt wieder der Waldmensch: „Die
Sonne bereitet dem Mond einen neuen Mantel. Da stimmen
alle Tiere des Waldes, welche vom lieblichen Monde in ihrem
nächtlichen Treiben unterstützt werden, dem Mond zu Ehren
ein neues Lied an. Die Eintracht, die aus allen Kehlen kommt,
um einstimmig den schönen Mond zu verherrlichen, erzeugt
diese wundervolle Melodie. Darauf beschenkte der Waldmensch den Königssohn mit einem Instrument, welches die
Zauberkraft besaß, jedem Tier, das damit berührt wird, diese
herrliche Melodie zu entlocken. Dann führte er ihn und seinen
Diener in die Nähe einer bewohnten Gegend und sagte zu ihm:
Suche das Land auf, von dem es heißt, daß „alle Leute dumm
und nur der König klug sei". Dort wirst du groß werden.

Da machten sich nun der Königssohn und sein Diener
auf den Weg dorthin. Dort war aber inzwischen der kluge
König gestorben, und vor seinem Tode hatte er seinen Leuten
eingeschärft, daß sie jetzt umgekehrt den König als Narren
bezeichnen und sich klug nennen sollen — ihm war nämlich sein
Sohn in der Regierung gefolgt — bis es einem gelingt, wieder
die Bezeichnung umzukehren. Dann soll aber der Betreffende
an Stelle seines Sohnes König sein.

Auf dem Wege hatte der Diener dem Königssohne das
Geheimnis mitgeteilt, „den Kern einer Sache aus der anderen
Sache herauszuerkennen." Damit wollte nun der Königssohn
die bezeichnete Stadt wieder in die frühere Lage bringen. Als
sie hinkamen erklärten ihnen die Stadtleute, daß sie keineswegs dumm seien, noch es je waren. Ihr früherer König hatte
sie alle an Klugheit derart übertroffen, daß sie sich ihm gegenüber als dumm bezeichneten. Der gegenwärtige König sei
ebenfalls sehr klug. Er vermöge aber nicht die Leute
zu übertreffen, sondern er wird im Gegenteil von ihnen überragt, daher die andere Bezeichnung. Wenn es ihm also gelingen sollte, sie alle an Klugheit zu übertreffen, so daß sie sich
wieder vor ihm zurückgesetzt und dumm fühlen, dann soll er
ihr König sein. Nun galt es, ihm Versuchungen aufzuerlegen.
Zunächst führte man ihn in den königlichen Garten. Dort ge-
diehen verschiedene Metalle: Gold, Silber usw. Er war aber
unzugänglich, weil jeder Eintretende von unsichtbaren Geistern
gequält wird, so daß er unter Schreien und Lärmen die Flucht
ergreifen muß. Neben dem Garten bemerkte der Königssohn
eine Menschengestalt, die eine Tafel trug mit dem eingravier-
ten Namen eines Königs, zu dessen Regierungszeit Friede
herrschte. Da ließ nun der Königssohn diese Figur im Innern
des Gartens aufstellen und er war dadurch in der Lage, un-
gehindert ein- und auszugehen. Dann unterzog man ihn noch
einer Prüfung. Es war vom verstorbenen König ein sehr hoher
Stuhl geblieben, der von verschiedenen in Holz geschnitzten
Tieren umgeben war. Vom Stuhl weg führten viele Gänge
nach allen Richtungen. Auf jedem Scheidewege stand jedoch wieder ein Tier. Ein Löwe aus Gold, eine Löwin aus
anderem Metall. Und so sich ihnen ein Mensch näherte, wurde
er von ihnen verschlungen. Nun sollte der Königssohn hinter
das Geheimnis dieses Stuhls kommen. Dann wollten sie ihn
als ihren König anerkennen und sich ihm gegenüber für dumm
halten, so daß das Land die frühere Bezeichnung zurückerhalten
soll. Der Königssohn machte sich an dem Stuhl zu schaffen,
verbesserte manches an ihm und plötzlich begannen alle Tiere

die wunderschöne Melodie zu singen, welche er im Walde
gehört hatte. Er wurde darauf zum König ernannt. Da sagte
er zu seinem Knecht, dem Besitzer des Pferdes: „Jetzt sehe
ich ein, daß ich ein richtiger Königssohn bin und du bist der
wahre Sohn einer Magd."

Das erzählte Rabbi Nachman mit Bezug auf die Thron-
besteigung Napoleons I., der als ein Volkskind die höchste
Stufe erlangte. Rabbi Nachman bemerkte noch dazu: „Die
göttliche Vorsehung begeht keinen Irrtum. Wahrscheinlich
hat er die Seele eines Königssohnes".

Die Erzählung von den sieben Bettlern zeigt sowohl
Schönheit in der Schilderung wie auch Reichtum an Phantasie
und ist ethisch inhaltsreich.

Zur Zeit einer großen Flucht, da man Hals über Kopf
einen Ort verlassen mußte, ließ man auf dem Wege durch einen
großen Wald zwei kleine Kinder, einen Knaben und ein Mädchen, im Alter von drei und vier Jahren in der Verwirrung
und Eile zurück. Die armen Kinder waren dem Hungertode
preisgegeben. Da erschien ein blinder Bettler, der ihnen Brot
vorsetzte und gleich darauf verschwand. Am andern Tage
reichte ihnen ein tauber Bettler ihr Brot und auch er verschwand gleich darauf. So wurden sie an jedem Tage von
einem anderen verkrüppelten Bettler genährt. Es kam ein
Stotterer, ein Krummhalsiger, ein Buckliger, einer war ohne
Hände und schließlich am siebenten Tage reichte ihnen ein
Bettler ohne Füße Nahrung. Nach Verlauf von sieben Tagen
wanderten die Kinder in die nächste Stadt, gesellten sich dort
zu einer Bettlergilde, um zusammen mit ihnen von mitleidigen
Leuten Brot zu erbetteln.

Als die Kinder heranwuchsen, vereinigten sie sich
durch das Band der Ehe und es kamen alle Bettler der Umgebung, um das Hochzeitsfest zu feiern. Am ersten Tage
nach der Hochzeit gedachte das junge Paar des blinden
Bettlers, der ihm zuerst in ihrer Not Speise darbot.
Da erschien gleich der blinde Bettler, beglückwünschte
das Ehepaar und sprach: „Ich bin nicht wahrhaft blind,

wie ihr glaubt. Ich bin es nur insofern, da ich das ganze
Weltgeschehen wie einen rasch vorübergehenden Augenblick
betrachte. Ich bin schon sehr alt und ein Säugling zugleich.
Ich habe noch nicht einmal begonnen, recht zu leben und
bin trotzdem sehr alt. Das bestätigt mir der große Adler":
„Es führen einst viele Menschen in Schiffen über das
Meer und auch ich befand mich unter ihnen. Da entstand ein
starker Sturm, der die Schiffe zertrümmerte. Die Menschen
aber retteten sich in einen großen Turm. Dort wurden ihnen
alle in der Welt vorhandenen Vergnügungen geboten. Da be-
schlossen sie, daß jeder von ihnen eine uralte Erinnerung her-
vorhebe, deren er sich nur entsinnen kann. Der älteste unter
ihnen erzählte: er erinnere sich der Zeit, da man den Apfel
vom Zweige geschnitten·hatte." Der nächst Jüngere erinnerte
sich der Zeit, da „die Kerze brannte", der dritte „da die Frucht
sich zu bilden begann", der vierte, „da man das Samenkorn
hinführte, um die Frucht zu pflanzen." Der fünfte erinnerte
sich an die Weisen, welche nachgedacht und das Samenkorn
gefunden haben." Der sechste gedachte des „Geschmacks der
Frucht, bevor er in die Frucht kam". Der siebente wußte sich
wieder an den „Geruch der Frucht zu erinnern, bevor er in
die Frucht einging". Der achte konnte sich an das „Aussehen
der Frucht erinnern, bevor er sich derselben anschloß". „Und
ich", schloß der blinde Bettler, „der ich fast ein Säugling war,
sagte zu ihnen, ich erinnere mich an das alles und auch an das
Nichts". Da sprachen alle: „Das ist die älteste Sache unter
allen". Inzwischen klopfte ein Adler an den Turm und rief:
„Hört nun auf, arm zu sein, kehret zurück zu euren Schätzen".
Und er führte alle aus dem Turm. Den Jüngsten zuerst und
den Ältesten zuletzt, denn wer „jünger war, der war tatsächlich der älteste". Dann erklärt der Adler alle diese Dinge. Das
Abschneiden des Apfels vom Zweige ist das Abschneiden der
Nabelschnur. Die brennende Kerze deutet auf das Embryo, das
in dem Mutterleibe eine brennende Kerze àm Kopfe trägt.[1]

---

[1] Siehe: Traktat Nidda 30 b.

Der Bildungsbeginn der Frucht ist gleich der Bildung und der Entwickelung des Körpers. Das Hinführen des Korns zur Verpflanzung der Frucht, das ist die Einführung des Samens bei der Paarung. Die Weisen, welche das Korn gefunden haben, das ist die Zeit, da noch der Same im Gehirn war. Der Geschmack vor dem Einzug in die Frucht, das ist die Seele, der Geruch ist der Geist, das Aussehen ist der hauchende Atem (Neschama). Und der Säugling, dieser blinde Bettler, der sich an das Nichts erinnerte, der überragt alle, da er sich erinnert an das, was vor der Seele, dem Geist und dem Atem war, also an das Nichts. Nun sprach der Adler: „Kehret zurück auf euere Schiffe, welche eigentlich euere Körper sind, die wohl zertrümmert wurden, aber nun wieder aufgerichtet werden müssen". Und zu mir sprach dann der Adler: „Du kommst mit mir, da du wie ich bist, du bist sehr alt und trotzdem noch jung und obwohl du schon so alt bist, hast du noch nicht begonnen zu leben, genau wie ich".

Am zweiten Wonnetage überbrachte der taube Bettler persönlich seine Glückwünsche und sprach: „Ich bin nicht wirklich taub, wie ihr wähnet, allein ich kümmere mich gar nicht um die ganze Welt, wo man nur vom Mangel hört. Alle Stimmen, die man vernimmt, das sind nur Klagen über Mangel und so sich einer freut, da ist auch der Mangel die eigentliche Ursache. Es ist ihm nun gelungen, den Mangel zu ersetzen, da freut er sich."

Am dritten Tage kam der stotternde Bettler zum Vorschein und sprach, nachdem er sie beglückwünscht hatte: „Ich bin ganz und gar nicht stotternd. Nur in Bezug auf die Alltagsgespräche, welche nicht dem Lobe Gottes gelten und die der Vollkommenheit entbehren. Ich bin im Gegenteil ein vorzüglicher Redner. Ich kann in Rätseln und Aphorismen sprechen. Ich spreche schöne Gedichte aus und in alledem ist alle Weisheit enthalten. Das bestätigt mir jener große Mann, der genannt wird, „der Mann der großen Milde":

„Es gibt einen Berg, auf dem ein Stein sich befindet, welchem eine Quelle entströmt. Jedes Ding hat ein Herz.

Auch die ganze Welt hat ein Herz. Und dieses Weltenherz hat eine vollkommene Gestalt. Hat Gesicht, Hände, Füße usw. Aber der Nagel am Fuße dieses Weltenherzes ist mehr beherzt als das Herz eines anderen. Der Berg mit dem Stein und seiner Quelle befindet sich an dem einen Ende der Welt und dieses Weltenherz am anderen. Das Herz befindet sich der Quelle gegenüber und beide empfinden eine ungestillte Sehnsucht zu einander zu gelangen. Das Herz will sich der Quelle und die Quelle dem Herzen nähern. Dabei wird das Herz von zwei Schwächen geplagt. Einerseits von der Sonne verfolgt und versengt und andererseits von der Sehnsucht verzehrt. Und wenn das Herz von dem fortwährenden Sichabhärmen erschöpft wird und ein wenig ausruhen möchte, um neue Kräfte zu sammeln, da erscheint ein Vogel, der es mit seinen Flügeln vor der sengenden Hitze ein wenig schützt. Aber auch dann ist sein Blick stets auf die Quelle gerichtet und Sehnsucht verzehrt das arme Herz. Kaum sollte es dem Herzen einmal gelingen, wirklich dem Berge näher zu kommen, dann müßte es zugrunde gehen, da es die Höhe des Berges und die oben befindliche Quelle aus dem Gesichtskreis verlieren würde. Denn die Betrachtung der Quelle bildet seinen Lebensnerv. Mit dem Herzen müßte aber auch die ganze Welt vernichtet werden, denn das Herz ist ja für jedes Wesen lebenerhaltend."

„Die Quelle ist zeitlos. Denn sie ist ganz und gar nicht in der Zeit geschaffen. Sie bekommt nur immer vom Herzen je einen Tag geschenkt. Und zu jeder Tagesneige ist die ganze Welt in Gefahr. Denn so die Quelle aufhört, hört mit ihr auch das Herz auf, für welches es den Lebensinhalt bildet und dann in natürlicher Folge auch die Welt. Nun gehen aber Herz und Quelle auseinander und stimmen herrliche Abschiedslieder an, in welchen ihre große Liebe und heiße Sehnsucht zum Ausdruck kommen, da sie voraussichtlich für immer aufhören."

„Da teilt der wahrhaft mildtätige Mann, der die Aufsicht über das alles führt, dem Herzen einen Tag zu. Dieses schenkt es wieder der Quelle, so daß sich der fortwährende Kreis vollzieht, wobei der zur Neige gehende Tag stets mit wundervollen Gesängen und immer neuen Liedern beendet wird."

„Den ganzen Vorrat an Zeit aber, über den der wahrhaft Mildtätige in so splendider Weise verfügt, bekommt er von mir," schloß der Bettler. „Denn ich sammle auf alle wahrhaft milden Taten, aus denen die Zeit entsteht und übergebe sie ihm. Von ihm bekommen es dann Herz und Quell in unmittelbarer Aufeinanderfolge, welchem Umstande dann die Welt ihr Bestehen verdankt. Man sieht also, daß der Urgrund der Zeitwendung, sowie alle Rätsel und Lieder, in denen alle Weisheiten enthalten sind, durch mich veranlaßt werden."

Am vierten Tage kam der vierte Bettler mit seinen Gratulationen und trat auch der Meinung entgegen, als ob er einen krummen Hals hätte. „Ich habe," sagte er, „im Gegenteil einen schönen, geraden Hals. Ich lehne es nur ab, mir alle die Eitelkeiten und Nichtigkeiten, die in der Welt in Menge vorhanden sind, auf den Hals zu laden. Ich besitze auch herrliche Stimmmittel. Ich bin in der Lage, sämtliche Stimmen, die in der Welt existieren und wortlos sind, hervorzubringen."

Am fünften Tage gratulierte der hökerige Bettler und versicherte, daß er gute Schultern habe wie jeder Mensch. „Ich habe Schultern," sagte er, „von denen man sagen kann, daß das Geringe das Vielfältige faßt".

Am sechsten Tage kam der Bettler ohne Hände und sprach nach den üblichen Gratulationen von der wunderbaren Kraft, die er in seinen Händen besitze. „Ich bin keineswegs mit einem Gebrechen behaftet. Ich gebrauche nur nicht meiner Hände Kraft hienieden auf dieser Welt, da ich sie zu anderen Zwecken benötige. Dies kann mir die Wasserfestung bezeugen. Ein König wollte einmal eine Königstochter als Frau heimführen, was ihm auch nach Anwendung von verschiedenen Mitteln endlich gelang. Da träumte er einst, daß ihn seine Frau töten werde und seit der Zeit schwand seine Liebe zu ihr. Aber auch ihrerseits machte sich eine Lieblosigkeit be-

merkbar, bis sie endlich entfloh und in einer Wasserfestung
Schutz suchte. Es ist nämlich eine Wasserfestung, die mit
10 Wassermauern umgeben ist, in welcher alles aus Wasser
besteht. Der Boden ist Wasser, die Bäume, Früchte, alles
Wasser. Die Königin, welche vom König mit einem starken
Gefolge verfolgt wurde, zog es lieber vor, hier in den Wasser-
fluten ihren Tod zu finden, als in die Gewalt des Königs zu
gelangen. Der König schleuderte ihr zehn Pfeile nach und sie
stürzte sich verwundet ins Wasser, wo sie ohnmächtig liegen
blieb. Der König stürzte ihr mit seinen Leuten nach, doch sie
fanden alle in dem Wasser ihr Grab. Ich aber — sagte der
Bettler — drang durch alle Mauern in die Wasserfestung und
heilte die Königin, indem ich mit meinen Händen alle Pfeile
herauszog."

Vom siebenten Tage und dem siebenten Bettler erzählte
Rabbi Nachman nicht mehr. Er sagte selbst von dieser Geschichte, „sie sei wunderbar und enthalte viel Moral und ausgezeichnete Lehren. "[1])

XII.

Rabbi Nachman lebte ruhig in Brazlaw. Die Bewohner
der Stadt verehrten ihn sehr und die Anzahl seiner Chassidim
nahm, trotz der vielfachen Verfolgungen, immer mehr zu. Das
Bewußtsein der großen Wirkung auf seine Umgebung bildete
seinen Trost und vergalt ihm die früheren Qualen. Er gebot
seinen Schülern immerfort seine Aussprüche und Lehren zu
wiederholen und sie auch der jüngeren Generation beizubringen. Denn nur dann könne er glauben, daß seine Worte
ewig bestehen werden: „Mein Feuer," sprach er, „wird
immer lodern, nie erlöschen". Es kommt dann eine Zeit,
da „Brazlaw das Zentrum der ganzen Welt bilden werde." Er
fand dafür sogar eine Andeutung in der Bibel: „Und ich will
entfernen das steinerne Herz von euch und euch ein Fleisch-

---

[1]) R. Nachman: Sipure Maasioth Lemberg 1902.

herz geben.[1]) Die Worte lew-basar lassen sich im hebräischen leicht zu Brazlaw umstellen.[2])

Aber auch in Brazlaw hielt die Ruhe nicht lange an. Die auswärtigen Streitigkeiten gegen ihn dehnten sich allmählich so weit aus, daß sie bis nach Brazlaw gelangten und eine Anzahl früherer Freunde und Verehrer ihm abwendig machten. Selbst sein Onkel Rabbi Baruch ließ sich durch die verschiedenen Verleumdungen und Verketzerungen dazu bewegen, Rabbi Nachman zu verlassen, so daß er, abgesehen von seinen Chassidim, ganz vereinsamt blieb.

Da wurde er des Lebens überdrüssig. Er wurde ein vollendeter Pessimist. Er fand, daß sein ganzes Leben überflüssig sei. „Was ist denn an dem Sterben sagte er dann. Man muß ja ohnehin sterben. Es tat ihm leid, daß er so populär wurde. Er sehnte sich in das einfache, einsame Leben zurück. Wie gern hätte er aus einer Zurückgezogenheit alles beobachtet, ohne selbst gesehen zu werden. „Er möchte so manchmal ausgehen, um das Leben draußen zu sehen, die Leute zu betrachten und so über die ganze Welt zu lachen." Er dachte sehnsuchtsvoll an die Zeit zurück, die er einsam im Dorfe verbracht hatte. Ganz allein im Walde, auf dem Felde. Und wenn er von dort zurückkehrte, war für ihn die ganze Welt neu. Sie kam ihm ganz anders vor.[1]) Er fühlte sich unbehaglich in Brazlaw. „Ich empfinde einen Abscheu vor dem Aufenthalt in Brazlaw" schrieb er an seine Anhänger im Jahre 1807, „infolge der Widerwärtigkeiten und Unterdrückungen, die mir hier zuteil wurden. Nun werde ich überall nur für kurze Zeit mein Zelt aufschlagen". Und er begann sein Wanderleben. Während seines Umherziehens betrachtete er sich als der Seelsorger. Er sah in seiner Phantasie Seelen, die nackt herumwandern, und er sei vom Himmel dazu berufen, sie wieder soweit herzustellen, daß sie zu einem ruhevollen Dasein ins Paradies zurückgelangen können. „Wisse", sagt Rabbi Nachman, „daß

---

[1]) R. Nathan: Chaje Mah'ran I. u. II.

[2]) Brazlaw wurde oft auch Braslaw ausgesprochen.

[3]) R. Nachman: Sichot haran 249; R. Nathan: Chaje Mah'ran I.

es ein Feld gibt, auf dem schöne und liebliche Bäume und Pflanzen gedeihen und daß sich ihre Pracht und Schönheit jeder näheren Beschreibung entzieht. Glücklich das Auge, dem es vergönnt ist, sie zu sehen. Diese Bäume und Pflanzen, das sind Seelengattungen, die dort gedeihen. Manche Seelen sind aber zum unsteten Umherwandeln außerhalb des Feldes verurteilt und diese sind es eben, welche einer Korrektur bedürfen, damit sie zu ihrer eigentlichen Stätte zurückkommen können."[1])

Im Jahre 1807 erkrankte Rabbi Nachman an Schwindsucht. Diese führte auch seinen Tod herbei. Es unterliegt keinem Zweifel, daß sein zarter Körper viel von den Streitigkeiten und Verfolgungen, die gegen ihn und seine Anhänger gerichtet waren, beeinträchtigt wurde. Gleich wie er intensiv zu husten begann, sprach er vom Tode und sah sich um eine geeignete Grabstätte um, nicht weit von seinen Chassidim. Nach dem Neujahrsfeste 1808 fuhr er nach Lemberg und hielt sich dort bis Mitte des nächsten Sommers auf. Es ist nicht gut möglich, zu erforschen, was er dort getan hat. Seine Anhänger umgeben diese Zeit mit den sonderbarsten Mysterien, während er aller Wahrscheinlichkeit nach dort ärztliche Hilfe in Anspruch nahm, trotzdem er es vorher verpönt hatte. Die Krankheit plagte ihn dort sehr und es verbreitete sich bald unter seinen Leuten die fälschliche Nachricht, daß er gestorben sei.

In Lemberg hörte er wahrscheinlich von der „Berliner Aufklärungszeit", die bis nach Galizien hinüberschlug und in S. J. Rappaport, N. Krochmal, Erter und anderen ihre Vertreter fand. Er las auch die neuhebräische Literatur, die sich damals zu entwickeln begann. Er beklagte sich darüber sehr und sprach: „Jetzt ist durch unsere große, sündhafte Zeit die Poesie der heiligen Sprache so tief gesunken, daß sich die Leichtsinnigen des Volkes, die sinnlichen Begierden fröhnen, ihrer bemächtigten und mit Hilfe ihrer fließenden Sprache ver-

---

[1]) R. Nachman: Likute Mah'ran I. 130; R. Nathan: Chaje Mah'ran II

führen sie die jungen Kinder Israels, bis sie sie zu Leugnern machen werden." Er sah voraus, daß diese „ketzerischen Lehren" auch nach Rußland gelangen werden und er begann die Notwendigkeit des einfachen Glaubens hervorzuheben und die Spekulation und Philosophie zu verdammen. Als er in Erfahrung brachte, daß in Rußland das Studium der Landessprache und des Schreibens obligat werden sollte, da sagte er: „Dieses Erlasses wegen sollte man einen Fasttag festsetzen und zu Gott rufen, noch eher als wegen aller anderen Bestimmungen".[1])

In Lemberg beschloß er eines seiner Bücher, das er im Manuskript bei sich hatte, herauszugeben. Es ist dies das Buch „Likute Mah'ran". Bis dahin waren alle seine Lehren und Aussprüche von seinen Leuten streng verheimlicht worden, da er es ihnen streng verboten hatte, einem anderen nicht „von den ihrigen" etwas mitzuteilen. Er schickte nun speziell einen Boten mit dem Schlüssel zu seiner Manuskriptenlade an seinen Hausverwalter Rabbi Nathan mit der Weisung, die Drucklegung dieses Werkes zu veranlassen und das andere dort befindliche Buch sofort zu verbrennen. Er ahnte es offenbar, daß er nicht mehr lebend nach Brazlaw zurückkommen werde und wollte daher verhüten, daß dieses Manuskript, das aus verschiedenen Gründen verheimlicht werden mußte, in fremde, unberufene Hände gelange. Von diesem zu verbrennenden Buche sagte er: „es sei kein Zaddik vorhanden, der es verstehen könnte. Nur der Messias könnte es erklären." Er erklärte, daß weder seine Zeitgenossen noch die späteren Generationen eines solchen Buches wert sind.

Trotz seiner Abneigung gegen die großen Rabbinen bestrebte er sich doch während seines Aufenthaltes in Galizien von manchem der Großen dort ein Gutachten für sein Buch „Likute Mah'ran" zu erlangen. Da sich die Zaddikim und ein großer Teil der Chassidim von ihm abgewandt hatten, wollte er wenigstens an den Rabbinen eine Stütze haben. Die

---

[1]) R. Nachman: Likute ezzot lot. Dobur; R. Nathan: Chaje Mah'ran II.

Rabbinen nahmen ihn und sein Werk ehrenvoll auf. Einer von
den bedeutenden unter ihnen, Rabbi Efraim Salman Margulies
aus Brody, schrieb über Rabbi Nachman: „Ein Mann gleich
hervorragend in der Lehre wie im Chassidismus, ein heiliger
Mann, der vieles zu enträtseln weiß. Er kennt das Verborgene der Weisheit. Er kann tiefsinnige und geheimnisvolle
Stellen in der Bibel, im Talmud und in der Agada lösen." Ähn-
liches schrieben über ihn noch andere rabbinische Autoritäten.[1])
Schließlich sah er aber doch davon ab, diese Gutachten an die
Spitze seines chassidischen Werkes zu setzen, denn am Ende
sah er ein, daß kein chassidisches Werk der Begutachtung
eines Rabbiners bedarf.

Im Sommer 1808 kehrte er von Lemberg nach Brazlaw
zurück. Aber sein Aussehen war nicht mehr wie früher. Er
war stets mißgestimmt. Die Kränkungen von außen und seine
innere Krankheit drückten ihn ganz nieder. Er konnte nicht
mehr lange in Brazlaw bleiben, sondern er war gezwungen,
von einer Stadt zur andern zu wandern.

Im Jahre 1810, im Monate Ijar, siedelte er sich in Uman
(Gouv. Kiew) an, nachdem ein großer Brand in Brazlaw unter
vielen anderen Häusern auch sein Haus eingeäschert hatte. Er
sehnte sich schon lange nach dieser Stadt. Er ahnte voraus,
daß die Seelen der großen Märtyrer, welche den Heidamaken
zum Opfer gefallen waren, seiner Nähe bedürfen. Sie
warten schon lange darauf, daß sich ein solcher Zaddik unter
ihnen niederlasse.

In Uman verbrachte Rabbi Nachman nicht mehr lange.
Die rapid zunehmende Krankheit vernichtete immer mehr
seinen schwachen Körper und rieb seine ohnehin abnehmenden
Kräfte auf. Sein Geist wurde umdüstert und er begann seine
letzten Anhänger von sich zu entfernen, indem er ihnen erklärte, er wäre nun ein ganz gewöhnlicher Mensch, der nichts
mehr wisse.

---

[1]) R. Nathan: Chaje Mah'ran I.; Gutachten über das Werk „Likute
Mah'ran.

Er fühlte den herannahenden Tod und merkte seinen Schritt. „Da kommt uns ein schrecklich großer Berg entgegen" sagte er kurz vor seinem Tode, „ich weiß nur nicht, ob wir zum Berge gehen oder ob sich der Berg uns nähert."

Am Neujahrsfeste 1811 kam die Katastrophe. Es stellten sich Blutstürze ein, wodurch seine Kräfte rapid abnahmen. Er aber nahm sich zusammen, um seinen Chassidim noch „Thora vorzutragen". Er konnte sich nicht enthalten. Glaubte er doch durch seine „Thora" die Welt zu verbessern. „Man muß Mitleid mit der Welt haben."

Da nun der Tod herannahte, umstanden ihn seine nächsten Schüler Rabbi Naftali, Rabbi Simeon und hauptsächlich Rabbi Nathan. Nicht für e i n e n Augenblick verließen sie ihn und sie lösten einander ab in den Tages- und Nachtwachen am Krankenbette.

Rabbi Nachman fühlte, daß es mit ihm zu Ende gehe und traf daher alle Vorbereitungen für den Tod. Er übergab seinem Schüler Rabbi Nathan sein Testament und traf auch andere Anordnungen.

Am Montag abend vor dem vierten Tage des Laubhüttenfestes 1811 befahl er seinen Schülern, gleich nach seinem Tode, da er noch auf der Erde liegen werde, alle seine Schriften zu verbrennen.

Dienstag früh ließ er sich seine Feiertagskleider anlegen und verfiel gleich darauf in Agonie.

Seine treuen Schüler umstanden mit tränenden Augen und gebrochenem Herzen sein Bett. Wehmütig begleiteten sie die letzten Atemzüge ihres Lehrers und Führers, der ihnen nun für immer entrissen wurde. Der Mann, der ihnen ein leuchtendes Vorbild war für ihren ganzen Weg, verläßt sie nun für immer und sie bleiben ganz vereinsamt zurück, abgesondert und in ihren Anschauungen von ihren anderen chassidischen Brüdern getrennt.

Rabbi Nathan konnte sich nicht beherrschen und rief mit weinender Stimme seinem Rabbi zu: „O Rabbi, Rabbi! Wessen Obhut überläßt du uns!"

Rabbi Nachman konnte wohl nicht mehr sprechen. Er vernahm aber noch die Stimme seines lieben Schülers und wandte ihm sein vom Tode bereits entstelltes Gesicht zu, wie wenn er sagen wollte: „ich verlasse euch doch nicht, Gott behüte."

Am Dienstag Nachmittag starb Rabbi Nachman von Brazlaw. Seine Schüler konnten es kaum fassen, daß dieses edle Herz, welches stets für so erhabene Ideen schlug, plötzlich stille stand. Anfangs gaben sie ihren Schmerz durch verzweifeltes Weinen und Jammern kund, dann erinnerten sie sich aber der Worte ihres unvergeßlichen Lehrers: „Ich will unter euch bleiben und ihr sollt auf mein Grab kommen". „Ihr habt keine Sorge, so ich euch vorangehe."

Das war ihr Trost und stärkte ihr Gemüt: Er ist ja wirklich nicht gestorben. Sein Geist lebt unter ihnen fort und wird ihnen stets vorangehen[1]).

XIII.

Die Chassidim von Brazlaw hatten nach dem Tode ihres Meisters einen sehr schweren Stand. Für sie, die meist armen Leute, die überall unter den anderen gegnerischen und ihnen direkt feindlich gesinnten Chassidim zerstreut waren, bildete Rabbi Nachman die einzige Stütze. Er umgab sie mit seiner väterlichen Fürsorge und scharte sie wie Kinder um sich. Und jetzt blieben sie verlassen und verstoßen zurück.

Da erstand ihnen in dem Epigonen Rabbi Nathan ein wahrer Erlöser aus ihrer größten Not. Er reiste in die verschiedenen Städte, in denen sich Brazlawer Chassidim aufhielten, um sie geistig zu stärken. Er sprach zu ihnen einnehmende Worte und trug ihnen die Worte und Lehren ihres Meisters vor. Überall regte er Jung und Alt zum Studium der Bücher des Rabbi Nachman an und schuf dadurch viele neue Anhänger.

---

[1]) R. Nachman: Sichot haran; R. Nathan: Chaje Mah'ran, Jemé Mah'ranat.

Das Verhältnis zwischen Rabbi Nathan und Rabbi Nachman war ähnlich dem zwischen Rabbi Chaim Vital und Rabbi Izchak Lurja (1534—1572) oder zwischen dem Rabbi Jakob Josef aus Polna zum Bescht. Sie trugen alle in gleicher Weise zur Verbreitung der Lehren ihrer Meister und zur Anwerbung von neuen Anhängern bei. Rabbi Nathan speziell hielt selbst nach dem Tode des Rabbi Nahman fest zu ihm. Für ihn war er überhaupt nicht tot. Er glaubte fortan an die Wunderkraft dieses alten „Heiligen" und er versuchte diesen Glauben auch den anderen alten und neuen Anhängern einzuflößen.

Der Chassidismus aus Brazlaw verdankt Rabbi Nathan einen großen Teil seiner Verbreitung, Entwickelung und Vervollkommnung. Rabbi Nathan war ein unermüdlicher Agitator. Mit großem Aufwand von Mühe und Zeit durchwanderte er viele Städte, um Geld für die Herausgabe der Bücher seines Lehrers zu sammeln. Er wollte sie auch in Massenexemplaren unter den Juden verbreiten. Mit großer Mühe gelang es ihm im Jahre 1821 eine eigene Druckerei zu errichten, in der er die Bücher seines Lehrers und auch seine Kommentare zu denselben drucken konnte. Auch seine Bücher hatten eine große Wirkung unter den Chassidim aus Brazlaw. Seinen Bemühungen gelang es auch, eine eigene Synagoge in Uman zu erbauen, unweit vom Grabe des Meisters. Damit die Brazlawer Chassidim, die aus verschiedenen Orten hier zusammenkommen, nicht immer den starken Zurücksetzungen der gegnerischen Chassidim ausgesetzt sind, deren Bethäuser sie in Anspruch nehmen mußten.

Im Jahre 1822 zog Rabbi Nathan nach Palästina, um sich dort „im heiligen Staube zu wälzen und die heilige Luft einzuatmen". Auch auf seiner beschwerlichen weiten Reise vergaß er nicht sein Ideal, die Lehren seines Meisters zu verbreiten. Wohin er nur kam, durch Odessa, Konstantinopel, Alexandrien, bestrebte er sich die Werke seines Lehrers zu verkaufen und zu verbreiten. Auch in Palästina predigte er dem Volke die Lehren seines Rabbi und warb auch hier dem Brazlawer Chassidismus viele Anhänger.

Froh und munter, lebensfrisch und geistig angeregt, kehrte er am Anfange des Jahres 1823 nach Rußland zurück. Ausgerüstet mit frischer Kraft und Energie trat er an die Arbeit der Ausgestaltung der Lehre seines Meisters und er begrüßte es freudig, daß die Prophezeiung seines Lehrers sich langsam zu bewahrheiten begann. Der Brazlawer Chassidismus faßte Wurzel in Israel.

Nicht lange jedoch dauerten die Tage der Ruhe und des Friedens. Nach dem Tode des Rabbi Nachman hatten seine Gegner gehofft, daß wohl mit ihm auch sein System ins Grab gestiegen sei, und ließen ein wenig ab von den Verfolgungen und Streitigkeiten, mit denen sie gegen ihn vorgegangen waren. Aber da sie nun wahrnehmen konnten, daß Rabbi Nachmans Geist lebt und sich unter den Juden entwickelt, da wurden die Zügel noch straffer angezogen, als es zu Lebzeiten des Rabbi Nachman geschah, da man in ihm doch noch zum Teil den Abkömmling der Großen, den Enkel des Bescht respektierte. Jetzt entwickelte man eine wahre Inquisition gegen die Brazlawer Chassidim und hauptsächlich gegen Rabbi Nathan. Man bewarf ihn mit Steinen, griff seine Briefe auf, die er zuweilen fort- schickte und „rühmte sich noch dessen mit ironischen Be- merkungen". Man denunzierte ihn bei der Regierung. Aber all das vermochte nicht den Mut und die Zuversicht des Rabbi Nathan zu vermindern. Er eiferte stets seine Leute an, daß sie sich nicht kümmern um die Verfolgungen, sondern immer das Ziel vor Augen haben. „Kommen wird die Zeit", sagte er oft, „da alle Leute einsehen werden, auf wessen Seite die Wahrheit und Gerechtigkeit ist". Man soll nur auf die „große Kraft des alten Heiligen" vertrauen, der die Macht besitzt, alles gut zu machen". Er trug ihnen auch auf, wie zu Lebzeiten des Lehrers am Neujahrsfeste auf seinem Grabe in Uman zu- sammenzukommen.

An der Spitze der neuen gegnerischen Partei stand jetzt Rabbi Zewi aus Sawran (Gouv. Kiew) an Stelle des bereits verstorbenen „Alten aus Szpalie". Interessant ist der Brief, den er an seine Anhänger über die Brazlawer Chassidim geschrieben hat:

„Es ist allgemein bekannt, daß die Brazlawer Chassidim hinter ihren Ahnen als sündenreiche Masse entstanden, welche selbst große Sünder sind und auf die Menge verführerisch wirken. Ich warne daher alle, die mir Gehör schenken wollen, daß sie sich mit den Frevlern nicht verschwägern, da diese nicht würdig sind in die Gemeinde Gottes zu kommen. Lasset nicht euere Kinder von einem Lehrer aus der Brazlawer Gemeinde unterrichten, denn ihre Lehre wandelt sich in Ketzertum um. Das Schlachten eines Schlächters aus Brazlaw ist unannehmbar. Es darf kein Vorbeter aus dieser fremden Sekte genommen werden, denn sein Gebet ist unwürdig. H a u p t s ä c h l i c h   s o l l e t   i h r   b e s t r e b t   s e i n ,   i h n e n   m i t   a l l e n   M i t t e l n   j e d e n   E r w e r b s z w e i g   z u   e n t - z i e h e n .   W e r   s i c h   i h r e r   e r b a r m t ,   d e r   i s t   s e l b s t   k e i n e s   E r b a r m e n s   w e r t ,   wer aber auf mich hört, dem möge Gott seinen Segen angedeihen lassen in allem, was er unternimmt und er ist sicher der künftigen Welt teilhaftig."[1]

Dieser Brief verfehlte auch nicht seine Wirkung. Die Anfeindung nahm mit jedem Tage zu. Man zerriß die Bücher des Rabbi Nachman und trat auf sie mit Füßen. Streute sie in alle Winde und füllte mit ihnen jeden unflätigen Ort. Dieses Vorgehen riß die Brazlawer Chassidim mit Gewalt aus ihrer Zurückgezogenheit. So lange sie selbst gepeinigt und gekränkt wurden, erlitten sie es mit heldenhafter Duldermiene. Sie waren gerne Märtyrer ihres heiligen Meisters. Als man aber sein geistiges Produkt, seine Lehre, den ganzen Inhalt ihres geistigen Lebens mit Füßen trat, das konnten sie nicht mehr ruhig ertragen. Rabbi Nathan richtete nun ein sehr demütig abgefaßtes Schreiben an den Rabbi aus Sawran mit der Bitte,

---

[1] Hameliz IV. Jahrg. Odessa.

er möge ihm gestatten zu ihm zu kommen, weil er sich sonst nicht getraue, die Reise zu ihm zu unternehmen, da er ja bei den Gegnern und speziell bei den „Frechlingen" unter ihnen des Lebens unsicher sei. In diesem Briese setzte Rabbi Nathan auseinander, welchen großen geistigen Schaden dieser Streit anrichtet und ermahnte ihn in eindringlichen Worten: „er möge doch ablassen von dem vielen Blutvergießen, da es auch ohnehin infolge der unerhörten Schmähungen und Kränkungen geschah. Nun aber werden wir mit Steinen beworfen. Man schont weder Jung noch Alt. Und so uns Gott nicht beistehen würde, würden sie uns lebendig verschlingen."

Dieses demütige und flehentliche Schreiben des Rabbi Nathan wurde vom Sawraner Rabbi nicht beantwortet, während die Gegnerschaft und der Streit immer mehr ausarteten.

Die Chassidim aus Brazlaw verharrten nicht in Feindschaft zu dem Rabbi aus Sawran und gewährten seinem Andenken in dem Buche „die Namen der Zaddikim", das nach seinem Tode erschien, die gebührende Achtung. Unter den ehrfuchtsvollen Zaddikim prangt auch der Name „Rabbi Mose Zewi aus Sawran". So waren die Brazlawer edelmütig in ihrem Tun. Litten unter den verschiedensten Beschämungen und Schmähungen und schwiegen, nach dem Gebote ihres Lehrers und Führers. Einzig das Grab des Heiligen war ihr Trost. Dort kamen sie öfters zusammen und ergingen sich in bitteren Klagen über ihr Los[1]).

„Ich will stets unter euch bleiben und ihr sollt auf mein Grab kommen". Dieser Worte blieben sie eingedenk bis auf den heutigen Tag. Noch jetzt, nahezu hundert Jahre nach seinem Tode, wallfahrten sie zu seinem Grabe, besonders am Neujahrsfeste, um dort zu beten. Rabbi Nachman ist also für sie keineswegs tot. Sie wähnen ihn immer in ihrer Mitte und sprechen von ihm wie von einem Manne, der in ihrer Mitte weilt. Sie sind auch jetzt abgesondert von den übrigen Chassidim des Bescht. Sie haben separate Bethäuser und eigene

---

[1]) R. Nathan: Alim litrufo, Chaje Mah'ranat I. u. II.

Sitten und Gebräuche. Die Worte ihres Lehrers leben stets in ihrer Erinnerung und sie beherzigen sie mit allen ihnen zu Gebote stehenden Mitteln. Viele von ihnen legen sich die größten Opfer auf, um wenigstens einmal in ihrem Leben, den Weisungen ihres Meisters entsprechend, den heiligen Boden Palästinas zu besuchen. Sie sind stets heiter und frohen Mutes und so oft sie ihr Bethaus betreten, um dort zu beten, singen sie. Sehr oft geschieht es, besonders am Sabbat, daß sie einen „Mizwa-Tanz" aufführen. In ihrer Mitte gibt es fast keinen Unkundigen (Am-haarez). So ein solcher zu ihnen kommt, wird er von ihnen in Bibel und Talmud unterwiesen, damit er die Worte ihres Lehrers verstehen kann.

Diese Worte ihres Meisters werden von ihnen bis auf den heutigen Tag befolgt.

„Sie werden andere Leute anwerben und diese wieder andere und so wird es ununterbrochen fortgehen."

MYSTISCH-RELIGIÖSE STRÖMUNGEN UNTER DEN JUDEN IN POLEN

Mystisch-religiöse Strömungen

unter den Juden in Polen
im 16.—18. Jahrhundert.

———

Inaugural-Dissertation

der hohen philosophischen Fakultät der Universität Bern
zur Erlangung der Doktorwürde vorgelegt von
Samuel Aba Horodezky aus **Malin** (Russland).

———

Von der philos. Fakultät auf Antrag von Herrn Professor
Dr. Woker angenommen.

Bern, den 21. Juni 1912.

Der Dekan:
Prof. G. Huber.

Inhalt.

Vorbemerkung.

Erst seit Beginn des XVI. Jahrhunderts kann man die Juden in Polen als eine große Gemeinschaft mit kommunalen Einrichtungen ansehen. Wir finden wohl lange vorher schon Juden in diesem Lande an verschiedenen Orten zerstreut, allein im XVI., XVII. und XVIII. Jahrhundert betrug die Zahl der Juden in Polen fast die Hälfte der Gesamtzahl der Juden in allen Ländern der Zerstreuung zur gleichen Zeit. In diesem Zeitraum, besonders in den zwei letzten Jahrhunderten, bemerken wir unter den Juden in Polen eine große Abwechslung von mystisch-religiösen Strömungen, deren Einfluß und mächtige Entwicklung wir bei den übrigen Juden in den andern Ländern vergebens suchen.

Ich versuchte in der vorliegenden Schrift diese religiösen Erscheinungen zu beleuchten.

Das 19. Jahrhundert brachte unter den Juden in Polen keine neuen religiösen Strömungen hervor. Aus diesem Grunde ist in meiner Schrift dieses Jahrhundert nicht in Betracht gezogen.

Berlin, Januar 1914.

S. A. H.

Einleitung.

Spuren der jüdischen Mystik, der Kabbalah, finden wir schon im babylonischen Talmud. Sie entwickelte sich später auf zwei Wegen: über Spanien (hebräisch: Sepharad) und über Deutschland (hebräisch: Aschkenas) und Frankreich. Dem Kulturzustande der Juden in diesen Ländern entsprechend entwickelte sich auch die jüdische Mystik, die Kabbalah. Die Juden in Spanien, welche zumeist der allgemeinen Aufklärung nahestanden, beeinflußten auch die Kabbalah insofern, als diese eine mehr oder weniger wissenschaftlich-theoretische Gestalt erhielt. So ist Spanien die Wiege der dichterisch verklärten Kabbalah, der Kabbalah des Gefühls und des Verstandes, der Vertiefung in das Göttliche und in die Geheimnisse der Seele und einer Sehnsucht nach der Sphäre des „Unendlichen". Die sephardische Kabbalah bewirkte im jüdischen Geiste eine doppelte Umwandlung. Nach außen gegen die philosophierenden Rationalisten, welche das Judentum in den Geist der aristotelischen Philosophie einzufangen bestrebt waren, welche zwischen Gott und Israel einen Riß machen, jedem Menschen, sei er noch so gelehrt und fromm, wenn er sich nur mit Philosophie nicht beschäftigte, die Vernunftseele, die Gottähnlichkeit absprechen mochten — gegen s i e stand die sephardische Kabbalah, welche in allen Wesen völlige Einheit, das Göttliche in allem erblickt, für welche „kein Ort Seiner ledig ist", und trat jenen dem Geiste des Judentums fremden Anschauungen gegenüber, indem sie die völlige Einheit in der ganzen Schöpfung zur Grundlage ihres Systems machte: die Einheit der Menschheit, Gott zur Erde niedersteigend und den Menschen in die Höhe, Gott im Menschen und den Menschen in Gott. Und nach innen, gegen die Rabbinen und Häupter der Lehrstätten, welche die „Thorah" dazu verwendeten, um Schranke auf Schranke, Satzung auf Satzung zu häufen — auch gegen sie stand die Kabbalah und erklärte, daß all jene Satzungen und Gebote und „Verhängungen" nichtig sind, sobald das wahre Licht der Thorah offenbar wird, das innere Licht, die Seele in der Thorah. Dann sollen „Verbot und Erlaubnis, Unreinheit nnd Reinheit keine Herrschaft mehr über Israel haben."[1] Und gegen die Rabbinen Israels, welche die Schrift erstarren ließen, den einfachen Sinn der Thorah ertöteten und unzählige „Halachot" aus ihr herauszulernen meinten, wandte sich die sephardische Kabbalah, indem sie mit Ironie schrieb: „Sie verbitterten ihr Leben — das bedeutet die talmudischen Fragen — mit Lehm — das bedeutet die talmudische Schlußweise vom Leichteren auf das Schwerere — mit Ziegeln — das bedeutet das Lernen der Halachah — und mit jeglicher Feldarbeit, — das bedeutet die Boraitha — die sie im Frondienst leisteten — das bedeutet die unentschiedenen Fragen." Die Halacha ist in ihren Augen „die Magd der Herrin, d. h. der Kabbalah."[2] Denn nur das Innerliche, Geistige der Lehre und der Gebote, ist das Wesentliche und nicht die äußere Gestalt, die Schale.

In ganz anderer Weise entwickelte sich die Kabbalah in Deutschland und auch in Frankreich. Die Weisen Israels in den Exilsländern setzten das Werk der Gaonäer in Babylonien, welche die Nachfolger der alten Talmudweisen gewesen waren, fort: nicht nur in Bezug auf das Studium des Talmud, sondern auch in Bezug auf die Praxis der Kabbalah. Jener Geist, der bezüglich der Kabbalah in den Lehrstätten von Sura und Pumbaditha geherrscht hatte, herrschte auch in den großen Lehrstätten Deutschlands und Frankreichs, nur daß in diesen Askese und Lebensverneinung in starker Weise hinzutraten, welche sich wie mit historischer Notwendigkeit seit den Zeiten der gesteigerten Verfolgungen, namentlich von den Kreuzzügen an, einstellten.

In dieser, der aschkenasischen Kabbalah, ist kein gedankliches System, keine solche Vertiefung in das Geheimnis Gottes und der Schöpfung zu finden. Man findet darin nur geheimnisvolle Deutungen und Verknüpfungen von Namen nach den Methoden von „Gematria" und „Notarikon". Sie tat im Laufe der Jahrhunderte kaum einen Schritt nach vorwärts. Die große Zahl der Juden in Deutschland und Frankreich, welche außer dem Talmud von Wissenschaft und Bildung nichts wußten und nichts wissen wollten, konnten auch die Kabbalah nicht beeinflussen, so daß sie sich auf gedanklichem, theoretischem Wege hätte entwickeln können.

Im Laufe der Zeit gewann die sephardische, theoretische Kabbalah den Sieg über die aschkenasische, praktische, so daß

---

[1] Sohar, 3. Teil: 27, S. 2.
[2] Tikunim 27, 44, 46.

innerhalb des Volkes noch lange Zeit die Stimme der ersteren vernehmlich blieb. Manches trug hierzu die Vertreibung der Juden aus Spanien (1492) bei. Die Ausgewanderten brachten ihre Kabbalah mit sich in die verschiedenen Länder und sie bewirkten so deren Verbreitung. Die aus Spanien vertriebenen Kabbalisten: R. Jehuda Chajat, R. Baruch aus Benevent, R. Abraham Halevi, R. Meir ben Gabai, R. David ben Simra, R. Mose Kordovero und viele andere — verpflanzten die Kabbalah aus Spanien in den Boden Italiens und des Morgenlandes und gewannen ihr mit großem Eifer viele Herzen. — Nicht nur unter den Juden, sondern auch bei den Christen begann die Kabbalah Eingang zu finden. Es genügt Namen zu nennen, wie Papst Leo X., Pietro Galatino, Reuchlin, Pirkheimer, Pico de Mirandola.

Ihren neuen Mittelpunkt nach der Vertreibung aus Spanien fand die Kabbalah in Palästina.

Die Mystiker in Israel hielten immer ihren Blick nach Palästina gerichtet und sahen alles in seinem Lichte. „Glücklich das Los dessen", sagt der Sohar, „der gewürdigt ist, noch zu Lebzeiten seinen Wohnsitz im heiligen Lande aufzuschlagen. Ja mehr noch! wer dazu gelangt, ist sogar gewürdigt, daß der heilige Geist ständig zu ihm sich lenke."[1] Die Kabbalisten fanden hier den Abglanz der göttlichen Verborgenheiten. Und nach diesem „mystischen" Lande strömte sofort nach der Vertreibung aus Spanien eine große Schar berühmter Kabbalisten: R. Mose Kordovero, R. Josef Karo, R. Salomo Alkabez, R. Josef Sagis, R. Elisa Gliko, R. Mose Alschaich und andere. Sie wählten die Stadt Saphed (Z'fat) zum Wohnsitz, wahrscheinlich wegen ihrer Nähe zu Meron, der Grabstätte R. Simons ben Jochai, des Wundermannes. Dieses „heilige Grab" bewirkte es wahrscheinlich, daß das benachbarte Z'fat in den Augen der Kabbalisten mehr verherrlicht und heilig gehalten wurde, als die übrigen Städte Palästinas.[2]

Durch den weckenden Einfluß des Rabbi Josef Sagis wurden alle diese Kabbalisten zu einer einzigen Gemeinde und sie versammelten sich an jedem Sabbatabend im Gotteshause, damit jeder von ihnen alles, was er im Laufe der Woche getan, bekenne, denn dadurch sollte der Mensch Scham empfinden und aufhören zu sündigen.[3] Diese Kabbalisten verbreiteten in reichem Maße in ihren Büchern die Lehre der spanischen Kabbalah, insbesondere R. Mose Kordovero. Er war es, welcher den Ausspruch tat:

---

[1] Sohar, 3. Teil, S. 72.
[2] s. R. Abr. Asulai: „Chessed l'Abraham", S. 50, Wilna 1877.
[3] R. Ch. Vital: „Schebachim" 13, S. 2.

„Um ein Großes steht der Vorzug der Männer der Kabbalah höher als jener der Männer der Thorah und der Mischnah."[1])

So wurde Palästina Mittelpunkt der sephardischen Kabbalah, und von hier begann sie sich unter die Judenheit des Exils, in die verschiedenen Gebiete, zu verbreiten.

I.

Zu derselben Zeit, da ein großer Teil der aus Spanien und Portugal vertriebenen Juden im Osten der Türkei Zuflucht fand, suchten auch die in den deutschen und österreichischen Ghetti bedrückten und ihrer Rechte beraubten Juden im slavischen Osten, in Polen und in Lithauen sichere Ruheplätze. Es dauerte nicht lange, daß dort ein großes jüdisches Zentrum entstand. Die Juden ließen sich in den Städten und Dörfern nieder, wo sie erfolgreich Handel und Handwerk entwickelten.[2]) Die Könige und Fürsten empfingen sie mit offenen Armen und zählten sie zu den nützlichen Bürgern. Im XVI. Jahrhundert haben die polnischen Könige die Juden und ihr Vermögen stets in Schutz genommen, als sie von den katholischen Geistlichen und Deutschen in Polen oftmals angegriffen wurden, vom Handel verdrängt und ihrer Freiheit beraubt werden sollten.[3]) Um die Lage der Juden in Polen in der ersten Hälfte des XVI. Jahrhunderts im Vergleiche zu ihrer Lage in Deutschland zu charakterisieren, wollen wir einen Brief des bekannten Rabbiners Mose Isserls in Krakau zitieren, den er an einen Mann gerichtet hat, der in Deutschland eine Rabbinerstelle bekleiden sollte, dann aber von dort nach Polen zurückgekehrt war: „Ich war sehr erfreut zu hören, daß Du in Frieden zurückgekehrt bist, wenn ich auch erwartet hatte, daß Du in einer der Städte Deutschlands zum Rabbiner und Lehrer ernannt werdest. Aber vielleicht ist ein trockenes Stück Brot und Friede dabei in diesen Ländern (Polen) viel besser . . . in diesen Ländern, wo man uns nicht mit Haß begegnet wie in Deutschland. Daß es nur hier so bliebe bis zur Ankunft unseres Messias!"[4])

Diese günstige Lage der Juden dauerte so fort während der Herrschaft Sigismunds I. (1506—1548), Siegmund Augusts und

---

[1]) Or Ne'eraw, 4. Teil, Kap. 2.
[2]) Vgl. Jewr. Starina (Petersburg 1911), S. 21–23.
[3]) Vgl. Grätz, Geschichte der Juden IX, 429–433, 448—449, Leipzig 1891.
[4]) M. Isserls: Responsen, § 95.

auch zur Zeit Stephan Batory's, also fast durch das ganze
XVI. Jahrhundert (1506—1588). Es war eine Epoche der Freiheit und des Lichtes in der Geschichte Polens überhaupt. Und
es erging in der angegebenen Weise auch den Juden, welche in
Polen wohnten. Ihr inneres Zusammenleben und ihre autonome
Verwaltung erfuhren eine besondere Stärkung. Die Selbstverwaltung der jüdischen Gemeinden war in den meisten polnischen
Gegenden sehr stark ausgeprägt. Damals beaufsichtigten die
Gemeindeobersten die Verbesserungen der Gemeindeangelegen-
heiten und die volle Leistung der Steuerpflichten an die Regierung. Die in jeder Gemeinde gewählten Vorsteher bildeten zusammen mit den Rabbinen einen Rat und hatten die Leitung der
administrativen und religiösen Angelegenheiten der Gemeinde
inne. Alle öffentlichen und religiösen Gründungen gingen
von dieser Behörde aus. Ueber den autonomen Verwaltungen
der einzelnen Gemeinden stand dann die Zentrale der „Vier-
Länder-Synode" (Waad arba ha-Arazoth). Zwischen den unter-
geordneten und den Zentralorganen standen noch die mittleren
Organe der Selbstverwaltung, „die Kreis-Synoden" („Waad ha-
Geliloth"). Die Länder-Synoden bestimmten das Verhältnis der
einzelnen Gemeinden zueinander, trafen die verschiedenen Einrichtungen für die Juden aller Länder, die in das Gebiet Polens
gehörten, sie ergänzten den großen Gerichtshof in Rechtsstreitig-
keiten der Juden untereinander und in religiösen Fragen. [1])
    Eine derartige Organisation von autonomen jüdischen Ge-
meinden ist einzig in ihrer Art in der jüdischen Geschichte.
Wohl wissen wir, daß die Juden in Deutschland (in den Rhein-
ländern) und in Spanien (Barzelona) manchmal zusammentraten,
um verschiedene Einrichtungen gemeinsam durchzuführen, allein
dies waren bloß ganz kurzfristige Zusammenkünfte. Wir finden
aber in der ganzen jüdischen Geschichte seit der Verbannung
keine Synode wie diese, welche sich im Laufe von mehr als
200 Jahren (ungefähr von 1520 oder 1530 bis 1754) ein oder
zweimal jährlich versammelte. Diese Organisation, welche den
Juden Sinn für Ordnung und für gesellschaftliche Interessen bei-
gebracht hat, ordnete auch das geistige Leben der Juden. Die
Erziehung lag gänzlich in den Händen der Gemeindevorsteher
und der Rabbinen. Das allgemeine Studium wurde zur gesetzlichen Pflicht erhoben. Es gab in jeder Gemeinde, neben den
Anfangsschulen: „Chedarim", auch noch Lehrhäuser: „Jeschiboth"

---

[1]) S. Dubnow: Wseob. Istor. Jewreew III, S. 119—123. Petersburg 1906, vgl. auch Harkavy: Chadaschim gam Jeschanim S. 5 in Dibre
jine Iisrael Bd. 7.

als eine Art Hochschule für Talmudstudium. Arme Jünger lernten dort auf Kosten der Gemeinde, „und wenn die Gemeinde fünfzig Bürger zählte, so unterhielt sie nicht weniger als dreißig Jünger und Knaben". Zu den Talmudvorträgen in den Lehrhäusern kamen außer den Jüngern der Jeschiba „alle Gelehrten der Gemeinde und alle, welche nur Sinn für die Thora hatten". Der Rektor des Lehrhauses wurde gut honoriert, man kam ihm mit der größten Achtung entgegen. Seine Worte wurden „sowohl von den Armen wie von den Reichen gehört. Kein Mensch widersprach ihm und niemand wagte es, ohne ihn etwas zu unternehmen."[1])

Polen ward also zur geistigen Zentrale für alle Juden des Exils. „Es gab an allen Orten, wo Juden zerstreut waren, nicht so viel Thora" — erzählt der zitierte Hannover, „als im Lande Polen." Und von überall her strömte man hin in die großen „Lehrhäuser", welche an verschiedenen Orten gegründet wurden. Wir finden an der Spitze jener Zeit eine ansehnliche Gruppe von hervorragenden Gelehrten, welche von jener Generation als große Autoritäten angesehen wurden und deren Einfluß noch bis auf den heutigen Tag ungeschmälert ist. So Schalom Schachna in Lublin (gest. 1558), Salomo Luria in Lublin (1510—1573), Mose Isserls in Krakau (1520—1570)[2]), Josua Falk Kohen in Lemberg (1550—1651), Mordechai Jafe (1530—1612), Samuel Elieser Edels aus Posen (1565 — 1631).[3])

Diese berühmten Rabbinen, welche alle den einzelnen „Lehrhäusern" in verschiedenen Städten vorstanden, hatten durch ihre Werke die rabbinische Literatur bedeutend bereichert, und ihre Bücher bildeten Leuchten für die jüdischen Gemeinden nicht nur in Polen, sondern auch anderwärts. Auch das Werk „Schulchan Aruch" von R. Joseph Karo, dieser hebräische Kodex, der in Palästina verfaßt wurde, erlangte erst dann in Polen und in den anderen Ländern autoritative Kraft, so daß man nach ihm die ganze Lebensweise einrichtete, als es der erwähnte R. Mose Isserls mit seinen Bemerkungen versehen und seinen Stempel ihm aufgeprägt hatte.

Wir sehen also vor uns eine starke Organisation der Juden in Polen im XVI. Jahrhundert, eine gesellschaftlich - geistige Organisation, welche in ihrem Grunde gut war, weil sie die

---

[1]) N. N. Hannover (lebte in der ersten Hälfte des XVII. Jahrhunderts) in seinem Buche „Jawen mezulla". Ende. Venedig 1653.
[2]) Vgl. S. A. Horodezky: L'koroth Harabbanuth, S. 81—144, Warschau 1910.
[3]) ibid, S. 185 – 190.

Juden Polens zu einer festen geselligen und geistigen Ordnung vereint hat Aber andererseits hinderte sie die freie individuelle Entwicklung. Der Einzelne war in jeder Beziehung, physisch und geistig, von der „Gemeinde" und von den Rabbinen abhängig. Ohne Vermittlung der „Gemeinde" konnte er Güter weder kaufen noch verkaufen, er konnte sich in keiner Stadt niederlassen noch mit den Regierungsorganen in Berührung kommen.[1]) Auch in religiös geistigen Fragen war es dem Juden streng untersagt, eine gewisse festgesetzte Norm zu überschreiten. Das geringste „Vergehen" trug dem „Sünder" den Zorn der Führer der „Gemeinde" ein.[2]) Eine derart grenzenlose Herrschaft konnte der Jude für die Dauer nicht ertragen. Ueberdies fand das Volk denn doch gar keine Befriedigung in jener Religiosität, welche ihm die Rabbinen stets vermittelten. Der Rabbinismus gab ihm mehr r e l i g i ö s e D i s z i p l i n als r e l i g i ö s e n G l a u b e n, er gab ihm alle möglichen Vorschriften und Regeln, die er noch stets durch allerhand Einschränkungen vermehrte, ohne jede Frische, ohne jedes religiöse Gefühl. Er verlangte G e h o r s a m. Er erteilte Befehl, dies oder jenes zu tun oder zu unterlassen, drang aber nicht ein in die Seele, in das mystisch-religiöse Gefühl des Glaubens, welch letzterem allein der aufrichtig fromme Jude stets zustrebt, der Jude der Propheten und der talmüdischen Agada.[3]) Dieses r e l i g i ö s e G e f ü h l brach sich nun Bahn in die strenge Disziplin der Juden Polens, von außen kommend, vom Osten, vom Lande Israels. Es ist dies die sephardische Kabbalah.

II.

Ueber Italien kam diese Richtung der Kabbalah nach Polen. Italien war ihr Mittelpunkt in den Exilsländern. Da es mit dem Morgenlande in regem Handelsverkehr stand und viele zu Schiffe hin- und herfuhren, brachten sie von dort auch die Kabbalah mit. Italien bildete auch für sie die Brücke zwischen Palästina, ihrem allgemeinen Zentrum, und den Exilsländern, sodaß jeder, der sie kennen und sich in ihr vervollkommnen wollte, nach Italien ging, um sie bei berühmten Kabbalisten wirklich vorzufinden. Auf diese Weise kam sie auch nach Polen. Aber hier kam man ihr offenen Armes entgegen. Denn viele aus dem

---

[1]) Siehe „Pinkus von Lithauen", Jewr. Starina, Petersburg 1909.
[2]) Siehe S. Dubnow: „Mebo le-Toldoth, ha-chassiduth", Heatid III, Berlin 1910.
[3]) Siehe S. A. Horodezky: R. Nachman von Brazlaw, Kapitel 1, Berlin 1910.

Volke waren müde und von Widerwillen erfüllt gegenüber jenen
trockenen Bräuchen, die zu halten ihnen schwer wurde, jenen
toten Buchstaben: der Schrift, in der kein Hauch des Lebens
war, womit die Rabbiner und Vorsteher der Lehrhäuser sie be-
lasteten. Viele konnten das Joch der rabbinischen Studien mit
ihren pilpulistischen Diskussionen nicht ertragen, zumal ihre
Kinder von den Lehrern häufig mit „großen Ruten" geschlagen
wurden oder auch andere arge Beschimpfungen erduldeten, sofern
„sie etwas von dem Gelernten nicht wußten oder in irgend
etwas davon irrten".[1] Die Mehrzahl des Volkes harrte auf eine
Erhebung des Geistes, eine Ergießung der Seele, einen Herzens-
glauben. All dies fanden sie in der sephardischen Kabbalah.
Hier fanden sie nicht nur den Gott des Himmels, sondern auch
den Gott der Erde: den lebendigen Gott, der mit dem Menschen
verbunden ist und ihn allerorten, wohin er sich wende, begleitet.
Hier fanden sie den Gott der Liebe und des Erbarmens, den
Gott des reinen Glaubens, der vom Menschen nicht eine Vermehrung der Satzungen verlangt, der verstandesmäßigen, nüch-
ternen, berechenbaren Beschränkungen, sondern ein reines Herz,
lautere Gedanken, Einfalt und Ergebenheit vor Gott.

Und es entstand unter dem jüdischen Volke in Polen eine
starke mystische Bewegung. Das Volk begann sich mit der
sephardisch-palästinensischen Kabbalah zu beschäftigen. Und so
finden wir in dieser Zeit auch schon den ersten typischen Kabbalisten,[2] den das mystische Judentum Polens hervorgebracht hat
und der seinerseits viel zu dessen Entwicklung beitrug: Rabbi
Mathatja ben R. Salomo Delacrut.

R. Mathatia war in Polen gebürtig, wir wissen nicht genau,
wann und wo. Wie er selbst erzählt, ging er im Jahre 1550
nach Italien, um die Universität Bologna zu besuchen, und hier
vervollkommnete er sich in Mathematik, Naturwissenschaften und
Astronomie.[3] Hier stieß er auf das Buch „Mar'eh Ophanim"
oder „Aschfirah hagaddol" in der lateinisch-hebräischen Uebersetzung des R. Salomo ben R. Abraham Avigdor. Und R. Ma-

---

[1] „Jawen Mezullah" 11, S. 2.
[2] Es war in Wirklichkeit schon in der Mitte des dritten vorange-
gangenen Jahrhunderts der Aw-Bet-Din in Krakau, R. Ascher (der Großvater des R. Meir aus Lublin) ein bedeutender Kabbalist und verfaßte auch
ein kabbalistisches Buch unter dem Titel „Emek ha-B'rachah" (Responsen
Mahram Milublin § 83), aber dieses Buch wurde nicht gedruckt und
hatte daher keine Wirkung.
[3] Einl. zu seinem Komm. zu „Mar'eh Ophanim", zusammen gedruckt mit dem Buche „Zurat ha-Arez" des R. Abraham bar-Chija,
Offenbach 1720

thatia schrieb einen Kommentar zu diesem Buche. Vor sich
hatte er auch das lateinische Original und er nahm auch an der
Uebersetzung selbst auf Grund des Originals Verbesserungen
vor, da der Uebersetzer weder die lateinische noch die hebräische
Sprache beherrscht hatte.[1]) Möglicherweise hat er während seines
Aufenthaltes in Bologna auch das Buch „Zel Haolam" übersetzt
oder herausgegeben, das auch mancherlei aus den Naturwissenschaften und der Astronomie enthält.[2]) Gleichzeitig mit diesen
Wissenschaften drang er vollkommen in die spanische Kabbalah
ein.[3]) Als er aber daran dachte, dieser Lehre im Volke Eingang
zu verschaffen, überzeugte er sich, daß sie der Erklärungsformen
bedürfe. „In unserer Zeit", sagt er, „wo wir keine klare Ueber-
lieferung von einem weisen Kabbalisten haben, als nur in der
Form einer Erläuterung ihrer Worte, sind die Bücher, die wir
besitzen, durch Geheimnisse und Rätsel wie verschlossen und
versiegelt."[4]) Und R. Mathatia ging daran, die „verschlossenen
und versiegelten" Bücher zu deuten und schuf einen Kommentar
zu „Scha'are Orah", zu „Ma'arechet Elohut" und zum „Recanati".[5])

---

[1]) Der Uebersetzer in seiner Einleitung.

[2]) Das Buch Zel ha-Olam ist zum erstenmale gedruckt im Jahre
1733 in Amsterdam. Auf dem Titelblatt ist als Verfasser genannt: „der
ausgezeichnete Gaon, der göttliche Kabbalist und berühmte Astronom
R. Mathatia ben R. Salomo Delacrut". Der Verfasser schreibt in seiner
Einleitung, daß dieses Buch von einem der „Weisen der Völker" verfaßt ist und aus Neid, warum ein Sohn der Magd Hoheit des Verstandes
geerbt und der Sohn der Herrin einsam und stumm dasitzt, hat er es
ins Hebräische übersetzt. Neubauer in seinem Buche über die Rabbiner
Frankreichs (S. 508) war der Erste, der es in Zweifel gezogen hat, ob
der Kabbalist R. Mathatia jenes Buch übersetzt hatte, und er bemüht
sich nachzuweisen, daß es von R. Chajim Delacrut, der 1272 in London
als Rabbiner lebte, übersetzt ward und daß nur der Drucker, dem
dieser Name unbekannt war und der nur den Kabbalisten R. Mathatia
Delacrut kannte, ihn mit diesem Letzteren verwechselte. Güdemann
in seinem Buche: „Geschichte des Erziehungswesens etc.", I, 86, hält
gleichfalls an dieser Auffassung fest. Steinschneider in seinem Buche:
„Die hebräischen Uebersetzungen des Mittelalters, Berlin 1893, S. 950,
sagt vermittelnd: Vielleicht hat er den „Zel ho-Olam" abgeschrieben
und redigiert". S. das, S. 644.

[3]) S Einl. zu seinem Komm. zu „Scha'are Orah".

[4]) Scha'are Orah mit Komm. 1. Abt. Krakau 1600.

[5]) Diese Bücher befanden sich handschriftlich im Besitze seines
Sohnes R. Josef, Aw-Bet-Din in Schebrschin. Dieser befand sich
unter denen, welche mit R. Samuel Eidels, R. Joel Sirkis u. a. die
Haskamah geben zu dem Buche „Jesch Nochalin" des R. Abraham
Hurwitz, Prag 1616, und war Verfasser des Buches „Chiddusche Halachot"
zum Traktat „Erubin", Lublin 1602.) Und er gab zuerst seinen Komm.
zu „Scha'are Orah in Druck. Die übrigen Komm. sind bis heute nur
handschriftlich erhalten. R. Mordechai Jaffe in seinem Komm. zu

In seinem Kommentar zu den „Schaare Orah", in dessen Einleitung er aus Bescheidenheit die Worte schreibt: „Wunderbares und Großes aus mir selbst habe ich nicht gesucht, nur die Wahrheit habe ich aufgezeichnet, wie ich sie von dem, der sie aussprach, empfing, wie ich sie in den Büchern fand und auflas, aber nicht nach eigener Willkür und Gutdünken" — in diesem Kommentar begnügte er sich doch nicht mit der Erklärung dessen, was im Buche verborgen ist. Er zweigt vielmehr ab zu den verschiedenen Gebieten der Kabbalah und trägt sie verständlich und in einfachem Stile vor, „um die Sache dem Verstande näher zu bringen".[1]) Dies entsprach ja auch seiner Absicht, der Kabbalah im Volke Eingang zu verschaffen. Jener gedanklichen spanischen, nicht der deutschen, praktischen Kabbalah, welche „der heiligen Namen und ihrer Verknüpfungen sich bedient." Denn „das Wesen der Menschenschöpfung war es, nur dem Schöpfer Diener zu sein, Ihm Ehre und Dienst zu erweisen und Seinen Namen zu ehrfürchten, nicht aber den Schöpfer in den eigenen Dienst zu ziehen. Das Wesen seines Lernens sei es nur, daß er seinen Schöpfer erkenne und Seine Größe und das Maß Seiner Güte betrachte, denn dann wird seine Ehrfurcht und Liebe zu dem Gebenedeiten nur wachsen und er wird sich danach sehnen, Seiner Art nachzuwandeln und Ihm so näher zu werden".[2])

Gott und die Schöpfung und das Verhältnis des Menschen zur Gottheit — das sind die Fragen, welche R. Mathatia beschäftigen. Der Gedanke der universellen Einheit, der die Grundlage der sephardischen Kabbalah bildet, im Gegensatze zur Lehre vom „Zimzum", die sich später in der lurianisch-aschkenasischen Kabbalah herausbildete, dieser Gedanke bildet auch die Grundlage in den Worten des R. Mathatia. In leichtem Vortrage erörtert er die Verkettung der Schöpfung und der „zehn Sephirot": „Das Erste aller Dinge ist Gott der Gebenedeite, der Erste von allen, der Früheste von allem, erhaben über alles. Er ist die Ursache der Ursachen genannt: ehe die Welt erschaffen war, waren alle Dinge verwahrt und verborgen bei Ihm, doch ward, was in Seinem Vermögen lag, nicht gewußt, bis es in

---

„Recanati" (im Buche: „L'wusch Or Jikrut" Lublin 1595) benützt stark den Komm. des R. Math., seines Lehrers in der Kabbalah. Er schreibt über seinen Komm. im „L'wusch" Folgendes: „Ich habe das M e i s t e vor Monaten und Jahren empfangen von einem gläubigen Manne, einem der letzten großen Kabbalisten, dessen Name bekannt ist: R. Mathatia ben R. Salomo gesegneten Andenkens, Haupt der Rabbinen".

[1]) ebdas. 2. Abt.
[2]) ebdas. 1. Abt.

Seinen Gedanken kam, eine Welt zu schaffen mit Geschöpfen,
die Seine Wege und Wirkungen erkennen sollten, und einem
jeden wird es enthüllt, nach Maßgabe seines Vermögens, die
Verbreitung Seiner Wahrheit zu ergreifen und zu sehen, und das
ist ihre Offenbarung durch die Sephirot, welche das Wesen
Seiner Herrlichkeit ausmachen und die Eigenschaften, in denen
Er wirkt und tätig ist. Denn die Erkenntnis des Gebenedeiten
erfolgt durch Seine Eigenschaften, gleichwie zum Beispiel der
Seele wahrhaftes Sein sichtbar und erkennbar wird durch ihre
Kräfte und Wirkungen in den Gliedern ihres Körpers. Glaube
nicht, daß dies an Ihm eine Erneuerung und Willensänderung
ist und getrennte Dinge, sondern jene Sephirot, die Seine Kraft-
weisen sind, finden sich aktiv beständig in Ihm, nur sind sie
erst in einer Einheit in Ihm verborgen als die Arten Seiner
Wirkungen und Eigenschaften, die erst dann offenbar werden,
und sie bildeten nicht Neuschöpfungen, sondern nur die stufen-
weise Offenbarung des Verborgenen an die erschaffenen Wesen.
Denn in Einfachheit ist dessen Erfassung unmöglich, sondern
nur durch wesentliche oder zufällige Eigenschaften oder durch
Wirkungen. Solcher Art sind die Offenbarungen des Gebenedeiten durch Seine Wirkungen und Sein Beziehen auf mittelbare
Eigenschaften, und deren werden zehn gezählt, obgleich sie alle
e i n e s sind, aus Seinem einheitlichen Vermögen entspringen und
ebendahin wiederkehren."[1]   Immer wieder mahnt er „daß jeder,
der eine Geschiedenheit der Sephirot annimmt, zarte Pflanzungen
zerstört. Sondern alle sind sie lauteres, klares Licht und vollkommene Einung, sind nichts als Ausstrahlung Seiner Kräfte und
Eigenschaften, um damit Seine Welt zu wirken und zu leiten —
und man soll davon nicht anders denken als wie von der Verbindung der Flamme mit dem Dochte."[2]
      Gott schuf d e n M e n s c h e n in Seiner Gestalt und Seinem
Ebenbild. „Wie der heilige Name mit seinen Eigenschaften in
seiner Welt wirkt und Abdrücke schafft, so die Seele des
Menschen in ihren Organen, denn die Ausdrücke: Ebenbild und
Gestalt sind auf die Seele und ihre Kräfte bezogen, denen der
Gebenedeite die Fähigkeit verlieh, dem höchsten Wesen ähnlich
zu werden; denn wenn er diese Organe in dem ständigen
Wirken des Guten und des Wahren dem Höchsten ähnlich lenkt,
vermehrt er die Segensfülle in der oberen und in der unteren
Welt. Jenes Wirken wird wie ein Wirken des Höchsten und
das Organ, womit er wirkt, wie ein Gefährte und eine Stütze

---

[1] ebdas. Einl.
[2] ebdas.

seines oberen Musters, denn die Verkettung ist e i n e wie im
Beginne der Schöpfung und das Beschattete folgt dem Schatten".[1]
Frei ist der Mensch in der Wahl seiner Werke „und wohin sein
Geist sich wenden will, dort erweckt seine Gestalt über ihm aus
der Höhe Wirkungen, sowohl zum Guten als auch zum Bösen."
In der erschaffenen Welt steht „Körperlichkeit und Geistigkeit
in Stoff und Seele gegenüber der oberen und der unteren Welt."
Und der Mensch ist „ein vermittelndes Wesen zwischen beiden,
er steht mit seiner freien Wahl, nach welcher Seite er sich
wenden möge, zieht in den oberen oder unteren Welten Wesen
heran, auf sein Geheiß gehen und kommen sie über ihn und
seinesgleichen und leiten ihn auf dem Wege, den er erwählt.
Wählt er das Gute, dann wirken sie ihm und den Anderen
Gutes und durch i h n wird O b e r e s u n d U n t e r e s gesegnet,
— indem er die Wahl trifft, dem Höchsten ähnlich zu werden
und seine Form zu wandeln, um ganz engelgleich und geistiger
Art zu werden. Wählt er aber das Böse, um sich selbst preis-
zugeben und dem Unteren ähnlich, um ganz materieller Art zu
werden, dann stürzt er in die Abgründe und selbst der Teil der
Geistigkeit in ihm wird in ewige Verwüstung[2] verwandelt.

Und wodurch vermag der Mensch dem Höchsten sich
ähnlich zu machen? Wodurch vermag er „in den oberen und
unteren Welten" das Gute zu wecken? Durch Läuterung des
Leibes und der Seele, „durch Läuterung der Organe, womit der
Mensch der Schechinah sich verbinden kann." Er muß Leib
und Seele läutern, „bis über ihn ein Hauch aus der Höhe
kommt und er von der Stätte des Heiligen für ewig geheiligt
wird."[3] Er muß seine Eigenschaften in Milde und Liebe
läutern und dadurch erweckt er auch Milde und Liebe in den
Höhen. „Wenn der Zaddik unten seinen Wandel bessert und
ebnet durch Liebesvergeltung und Wohltat, dann vermag auch
der „Zaddik" oben aus der Kraft des Erbarmens und der Liebe
Wohltat und Segen erfließen zu lassen, dann kommt Segen über
alle Welten, es verbindet sich der „Zaddik" mit dem „Zaddik"
und Wohltat und Erbarmen kommen in die Welt."[4]

Das ist die große Kraft des Menschen, daß er immer höher
steigen und gottgleich werden kann. Er kann nach seinem
Willen reichen Ueberfluß in alle, „die oberen und die unteren"

---

[1]) ebdas. 1. Abt.
[2]) ebdas.
[3]) ebdas.
[4]) ebdas. 2. Abt.

Welten bringen. Gott schirmt ihn ständig und ist allerorten, alle Zeit mit ihm verbunden.

Solche Gedanken: die Einheit Gottes und der Schöpfung, die Einheit Gottes und des Menschen, der große Einfluß des Menschen in der ganzen Schöpfung, der geistigen und physischen, errangen einen weiten Raum in den Herzen der Juden Polens. Solche Gedanken hatte man nicht gewagt, seit der Rabbinismus dort seine Herrschaft führte. Und R. Mathatia half sehr viel zur Verbreitung der spanischen Kabbalah im Volke und zog viele Schüler groß.

Wie sehr sich die sephardische Kabbalah unter dem Volke in Polen verbreitete und wie sehr die großen Rabbinen dort dagegen kämpften, wird durch Folgendes bezeugt. R. M o s e I s s e r l s schreibt: „Viele aus der Volksmasse drängen jeder einzelne danach, Kabbalah zu studieren . . . . Nicht bloß Gebildete beschäftigen sich mit ihr, sondern Leute, die nicht Rechts von Links zu scheiden wissen, wandeln im Dunkeln; Leute, die nicht den Wochenabschnitt erklären können, die nicht einen Absatz Raschi verstehen, drängen sich, Kabbalah zu lernen. Und jeder, der nur etwas davon gesehen hat, prahlt damit und predigt vor der Menge, aber in Zukunft werden sie Rechenschaft ablegen müssen.“[1]) Und R. S a l o m o L u r i a schreibt an jemanden: „Neue kamen her und geben vor, zur Klasse der Kabbalisten und der Prediger der Geheimlehre zu gehören. — Mein Lieber! wandle nicht mit ihnen und lass' dich in die geheimen Lehren nicht ein!“[2])

Diese Rabbinen fürchteten, und das mit Recht, daß die Kabbalah den Einfluß des Rabbinismus schwächen werde, sie wußten, daß Kabbalah und Rabbinismus nicht in Frieden beieinander wohnen können, obgleich sie mehreremale Ausgleiche versuchten. Sie fühlten, daß eine mächtige und starke Kraft, eine mystische Kraft im Herzen des Volkes erstarke, welche die Stütze ihrer Herrschaft untergraben werde. Sie, die Rabbinen, welche gewöhnt waren, sich selbst als „die Auserwählten“ innerhalb der Volksmenge anzusehen, sie, die gewöhnt waren, dem Volke zu befehlen und es zu lehren, was es zu tun habe; sie, welche die einzigen Herrschenden und gewohnt waren, auf die Masse des Volkes von oben herabzublicken — sie mußten plötzlich sehen, wie das Volk erwacht, wie die Masse sich erhebt und „jeder E i n z e l n e danach drängt, Kabbalah zu lernen“. Das Volk hat begonnen, sie und ihren Unterricht zu verlassen, einen

---

[1]) Thorat ha-Olah, 3. Teil, Kap. 4.
[2]) Responsen des R. Sal. Luria, S. 98.

„Wochenabschnitt oder einen Absatz Raschi" versteht es nicht mehr und will es nicht verstehen - - und lernt Kabbalah! . . . .

Die Rabbinen sahen die ihnen drohende Gefahr und wollten ihr entgegentreten. Aber ihre Worte fanden taube Ohren. Das Volk hatte in der Kabbalah, was seine Seele suchte, gefunden. Es fand darin den Geist, die Seele des Judentums. Und die Bücher der Kabbalah begannen in Polen gedruckt zu werden und sich im Volke zu verbreiten, zugleich mit den Bibel- und Talmudausgaben.

Und selbst die Rabbinen, auch jene, welche dagegen waren, daß das V o l k Kabbalah studiere, sehnten sich im Stillen nach ihr, und in den freien Stunden, nachdem sie den größten Teil von Zeit und Kraft der rabbinischen Literatur mit ihren vielen Satzungen und Einschränkungen gewidmet hatten — da sannen auch sie ihr nach und verfaßten sogar kabbalistische Bücher.[1]

Wir sehen den größten Teil des sechzehnten Jahrhunderts hindurch Palästina und Polen in materieller und geistiger Entwicklung nahezu parallel gehen. Die äußere Lage der Juden Polens war, wie die der Juden Palästinas, eine gute. Dadurch konnte sich auch ihr geistiger Zustand entwickeln. Während Palästina das Zentrum der Kabbalah wurde, deren Strahlen von dort nach allen Exilsländern gingen, wurde Polen Mittelpunkt des Rabbinismus, der von hier aus für Israel ausging. Diese beiden Zentren erfüllten zusammen ihre große Rolle im damaligen Leben der Juden.

Dann aber kamen andere Zeiten, böse, furchtbare Zeiten über die Juden Polens. Ihr materielles Leben versiegte und gleichzeitig veränderte sich auch ihr geistiger Zustand zum Schlimmen.

III.

Zu Ende des XVI. Jahrhunderts kam eine folgenschwere Umwälzung in die staatliche und gesellschaftliche Leitung Polens. Mit dem Aussterben des Hauses Jagello (1572) büßte das Reich immer mehr seine Macht ein und Polen wurde ein Zankapfel zwischen größeren und kleineren Adeligen, eine Oligarchie, in der fortwährend Streit und Hader herrschten, eine Art Republik,

---

[1] R. Mose Isserls verfaßte „Jessod Sifre ha Kabbalah" (erwähnt in seinem Buche „Darke Mosche", Orach Chajim, Note 61) „Commentar zum Sohar" (Schem ha-Gedolim, N. 98), R. Sal. Luria verfaße Kommentare zu kabbalist. Büchern des Mittelalters (s. Responsen des R. Moses Isserls N. 6,7) R. Mordechai Jaffe verfaßte ein kabbalist. Buch „L'wusch Eben ha'jekarah", gedruckt Lublin 1595.

welche sich ihre Könige wählte. Die eigentlichen Herrscher
waren aber die Adeligen, denen die Könige unterworfen waren.
Als Bathory 1572 gewählt wurde, da waren noch ruhige und
friedliche Tage im Lande, allein nach seinem Tode kam der
fanatische Katholik Sigismund III. aus dem schwedischen Hause
Wasa auf den Thron, der ein Zögling der Jesuiten war.
Während seiner Regierungszeit (1588 — 1632) und der seines
Sohnes Wladislaus IV. (1632 —1648) nahm die Reaktion in Polen
überhand. Die Jesuiten, die vor nicht langer Zeit als Träger der Bildung und Wissenschaft nach Polen gekommen waren und denen
König Bathory die Leitung der Wilnaer Akademie übergeben
hatte, säeten Haß und Verachtung unter das Volk gegen jeden
anderen als den katholischen Glauben und speziell gegen Juden
und Judentum. Und da sie eben die Leitung der Schule, also
die ganze Erziehung, inne hatten, schufen sie im Laufe von
zwanzig Jahren (seit dem Tode Siegmund Augusts bis zum Beginne der Herrschaft Sigismunds III. 1572 — 1592) eine neue
Generation in Polen, die ganz von der jesuitischen Lehre durchdrungen war, von Intoleranz und Haß gegen jedes Volk, das
nicht katholisch war, und ganz besonders gegen das jüdische
Volk. Polen, welches eine Zeit lang ein Land der Freiheit gewesen war und vielen von den aus Mitteleuropa wegen ihrer
freien Glaubensansichten Verfolgten eine Zuflucht bereitet hatte,
kehrte jetzt gegen sie alle Unduldsamkeit hervor; man verbrannte
öffentlich die Bücher der ersten Reformatoren und der Vertreter
der freien Glaubensäußerung. Die Jesuitenschüler veranstalteten
häufig öffentliche Disputationen mit den Zöglingen der Lutheraner
und Kalvinisten, wobei zumeist Fäuste und Schwerter ihre Argu-
mente bildeten. Wenn während des Interregnums im Jahre 1573
allgemeine religiöse Toleranz von der „Konfederation" gepredigt
wurde, so hören wir fünfzehn Jahre später (1588) aus dem Munde
derselben Adeligen, welche der Konfederation angehörten, fürchter-
liche Bannflüche gegen die Juden, welche als „Ketzer" bezeichnet
werden.

Mit jedem Tage nahmen die Verleumdungen und Gehässig-
keiten gegen die Juden zu, und war bis dahin der Kampf der
ansässigen Christen gegen die Juden nur ökonomischer Natur
gewesen, so nahm er nun unter dem Einfluß der Jesuiten eine
fanatisch-religiöse Form an. Die Juden waren mit Leib und Gut
vogelfrei, und selbst die Könige waren nicht in der Lage, den
immer stärker hervortretenden Haß des Volkes, das dank der
jesuitischen Erziehung hie und da in den Vierteln der Juden Ver-
wüstungen anrichtete, zurückzudämmen. Besonders hatten die Juden

in Posen, der Hauptstadt Groß-Polens, zu leiden. Die städtische Bevölkerung, speziell die Deutschen, bedrängten sie sehr und hetzten das Volk zu wiederholten Ueberfällen auf sie. Als der Stadtrat im Jahre 1618 das Gemeindehaus mit historischen Gemälden schmücken wollte, fand der Künstler keine besseren Sujets als die Darstellung der Judenvertreibung aus Jerusalem. Um eine Jüdin auf einem Schwein reitend darzustellen, ließ er durch seinen Diener ein die Stadt passierendes jüdisches Mädchen ergreifen und zwang es auf einem Schweine vor ihm zu sitzen, die von der Nähe zusehenden Juden aber ließ er schlagen und mit Steinen bewerfen. Inzwischen sammelte sich Pöbel an, welcher die Juden bis in ihr Stadtviertel verfolgte, die Scheiben ihrer Häuser zertrümmerte und das Bethaus plünderte.[1] Im Jahre 1636 drangen zwei Adelige mit einer Volksmenge in das Judenviertel ein, wo sie aus allen Geschäftsläden die Ware auf die Straße warfen und viele von den Juden verwundeten.[2] Im Jahre 1640 wurden die Juden vom Volke durch zwei volle Tage wundgeschlagen.[3] Es gehörte fast zu den alltäglichen Dingen, daß die Scholaren plündernd und verheerend ins Judenviertel eindrangen. — Aus der folgenden Schilderung des R. Meir Lublin (1554—1615) kann man sich überhaupt eine Vorstellung über das Verhalten der polnischen Adeligen gegenüber den Juden bilden: Es geschah, daß Rubin bei Simon im Auftrage seines Herrn dessen goldene Kette um einen gewissen Betrag verpfändete und diese Kette dann bei Simon verloren ging . . . . „dann kam der „Herr", der Besitzer der Kette in das Haus des Simon, um dessen Schwiegertochter aus seinem Hause als Pfand zu nehmen, da wandert Levi an ihrer Stelle in den Kerker."[4]

Der Haß der Jesuiten gegen die Juden kannte keine Grenzen. Dank den Jesuiten ist in Polen wiederum das schändliche Blutmärchen aufgetaucht. Trotzdem die polnischen Könige zu verschiedenen Zeiten viele strenge Gesetze gegen diejenigen erlassen hatten, welche gegen die Juden mit dem Blutmärchen auftraten, verstanden es die Jesuiten dennoch, drei Juden vor das große Tribunal in Lublin zu zerren und sie wegen Ermordung eines christlichen Knaben nach langen Folterqualen zum Tode verurteilen zu lassen. Es geschah im Jahre 1598. Da wütete noch einmal die ganze Inquisition gegen die Juden und selbst die Todesstrafe war von grausamster Art. Die drei Juden wurden

---

[1] J. Perles: Gesch. der Juden in Posen, S. 50—51. Breslau 1865.
[2] ibid. S. 56.
[3] ibid. S. 57.
[4] M. Lublin: Responsen § 100.

unter Gesang und Gebet bei einer Prozession der Priester mit den heiligen Fahnen in Stücke zerschnitten, und dabei jubelte das Volk. Das ermordete Kind wurde von den Jesuiten für heilig erklärt und der Pöbel wahlfahrtete dann zu seinem Grabe, um dort Gebete zu verrichten.[1]) Derartige Beschuldigungen und Urteile gab es damals in vielen polnischen und lithauischen Städten.

Die Klerikalen schufen auch eine ganze Gift und Galle speiende Literatur gegen die Juden. Der Priester Majecki gab in Krakau im Jahre 1598 sein haßerfülltes Buch gegen die Juden heraus unter dem Titel: „Okrucienstwa zydowskie". Ueber dasselbe Thema schrieb auch ein gewisser Gubicki im Jahre 1602. Der polnische Arzt Slezkowski beschuldigte die jüdischen Aerzte, daß sie absichtlich die frommen Katholiken vergiften und töten, und er bezeichnete die zu jener Zeit in Polen herrschende Seuche als Gottesstrafe für das polnische Volk, dafür, daß es den Juden in seinem Lande Schutz gewährt hatte. (Jasny dowod o doctorach zydowskich 1694.) Der gehässigste, den Juden am feindlichsten gesinnte Schriftsteller war der polnische Jesuitenzögling Miczynski, der im Jahre 1618 das Buch: Zwierciades Korony Polskiej herausgegeben hat. Er sammelt in diesem Buche alle Verleumdungen und Beschuldigungen, die nur je Judenfeinde gegen die Juden erhoben hatten. Er schreibt den Juden jede häßliche Greueltat zu, er zeiht sie des Mordes, Raubes und des Betruges. Doch er begnügte sich nicht allein mit dem Buche. Er wandte sich an die Erwählten des polnischen Volkes (Sejm) und forderte sie auf, mit den Juden so zu verfahren wie die frommen Katholiken in Spanien. Sein Antrag wurde zwar dem Landtage in Warschau 1618 vorgelegt, ja selbst von vielen unterstützt, allein die Mehrheit sprach sich dagegen aus.[2])

Es darf also nicht Wunder nehmen, daß der Judenhaß beim Volke mit jedem Tage zunahm. Es geschah infolge der Bemühungen der jesuitischen Volkserzieher und ihrer Schriftsteller. Das Leben des Juden war vogelfrei, sodaß folgender Fall sich ereignen konnte. Im Jahre 1629 fiel ein Jude ins Wasser und schrie nach allen Seiten um Hilfe, und obwohl viele Leute den Fluß umstanden, rührte keiner auch nur einen Finger, um den in Ertrinkungsgefahr schwebenden Juden zu retten.[3])

Angesichts der Unglücksfälle, die über die Juden hereingebrochen waren, fragt es sich, welcher Teil der Juden besonders arg mitgenommen wurde?

[1]) S. P. Rabbinowitz: Dibre jeme Jisrael VIII, 99—100. Warschau 1899.
[2]) S. Dubnow: Wseob. Istor. Jewreew III, S. 116—117.
[3]) Joel Sirkes (1500—1641), Responsen, Bach Hageschanoth § 79.

Um diese Frage genügend zu beantworten, müssen wir die einzelnen Stände der Juden zu jener Zeit beobachten. Die Juden in Polen zerfielen damals in drei Stände: Der erste war der der Reichen; den zweiten bildeten die Gemeindeobersten, Rabbinen und Rektoren der Lehrhäuser; zum dritten Stande gehörte die große Mehrheit des Volkes, die Kaufleute, kleineren Händler und Handwerker. Der erste Stand, die Reichen, spürte damals ebensowenig wie jetzt den Druck der Verfolgungen und Bedrückungen, welche stets über die Juden kamen. Die Reichen standen dem „Hofe" nahe, und durch ihre Vermittlung wurden die Güter der Regierung verhandelt. Sie führten ein gutes und behagliches Leben. Ueber sie klagt, wie es scheint, der Prediger Hersch Kaidenower Mitte 1700, daß „sie ihre Kinder in französischer Sprache erziehen, ihnen andere Sprachen beibringen, und wenn sie groß werden, da achtet der Vater bloß darauf, daß sie französisch und andere Sprachen lernen, nicht aber daß sie ins Beth-ha-midrasch gehen" und auch über ihre Frauen klagt derselbe, „daß sie in stolzer Haltung und bis zu den Brüsten entblößt einhergehen."[1]) Der zweite Stand der Gemeindeobersten, Rabbinen und Rektoren beherrschte damals die Situation. Diese hatten die Ehre und die Auszeichnung, unter dem Schutze der Regierung zu stehen. Die „Vierländersynode" war damals die mächtige Herrscherin, „die Vorsteher der Synode waren wie das Synhedrion in der Quaderhalle, sie hatten das Urteilsrecht über alle Juden in Polen." Die Rabbinen richteten das Volk, welches nur anf ihre Stimme hören mußte und „wenn ein Jude zu einem fremden Richter ging, verspottete man ihn in empfindlicher Weise".[2]) Die Rektoren waren beim Volke sehr verehrt, alles Beste, das einer hatte, „wer ein schönes Vermögen besaß, gemästete Hennen, gefütterte Kapaunen oder feine Fische, verehrte sie dem Rektor . . . außerdem gab es Geschenke in Geld oder Gold- und Silbergeräten."[3]) Der bekannte Arzt und Mathematiker Joseph Salomo Delmedigo (1591) schreibt in jener Zeit: „Ein gebildeter und verständiger Mensch suche nach einem klugen Mittel, daß er sich und seine Familie so schön erhalte, wie die jüdischen Rektoren im Lande Polen, welche Reichtum und Macht haben."[4]) Sie hatten auch nach außenhin einen großen Ruf, so daß der berühmte Manasse b. Israel (1604—1657) seinen Sohn aus Amsterdam

---

[1]) Kab ha-Jaschar, Abschn. 82, Lublin 1898.
[2]) N. N. Hannover a. a. O.
[3]) ibid.
[4]) Elim, S. 64, Amsterdam 1629.

in die Ferne schickte, damit er bei ihnen Thora lerne.[1] — Nur der dritte Stand der Kaufleute, kleineren Händler und Handwerker, welche das Gros des Volkes ausmachten und welche mit der eingeborenen Bevölkerung in Handelsverkehr standen, wurde als die gefährliche Konkurrenz betrachtet, welche den ganzen Handel beraube — nur dieser dritte Stand hatte alle Pein vom einheimischen Volke und von den Priestern, die stets das Volk zur Rache aufreizten, zu erdulden. Dieser dritte Stand konnte sich von der äußeren bösen Macht ebensowenig befreien, wie von der schweren inneren Bedrückung seitens der Verwalter und Rabbinen. Erstere bedrückten das Volk durch allzuhohe Steuern, welche sehr oft weit über die Kräfte des Volkes hinaufgeschraubt waren, die Rabbinen wieder durch die täglich erneuten Gesetze und legislativen Zugaben, welche ebenfalls weit über das Maß gingen und auf den herrschenden Zeitgeist gar keine Rücksicht nahmen.

In jener schlimmen Zeit, da die materielle Lage des Volkes schlimmer wurde und deshalb auch die geistig-kulturelle Seite des Lebens sich nur schwach entwickeln konnte, war nicht die Möglichkeit zu jener Vertiefung, wie sie die sephardische Kabbalah beansprucht, welche das Volk in den besseren Zeiten des XVI. Jahrhunderts so sehr beschäftigt hat. Diese theoretische Geheimlehre des Gedankens, die man auch als eine neue Philosophie angesehen hat, und von der R. Moses Isserls sagte: „Die Kabbalah ist eine Philosophie, die nur eine andere Sprache spricht,"[2] mußte einer anderen, dem Zeitgeiste mehr entsprechenden Kabbalah Platz machen. Es ist die praktische Kabbalah, die aschkenasische Geheimlehre, welche nur, und zwar ausgeprägter und mächtiger, zu neuem Leben erstanden war im „Lande Israels" durch R. Isaak Luria, bekannt unter dem Namen „Ari" („Löwe").

IV.

R. Isaak Luria wurde in Jerusaiem im Jahre 1539 geboren. Noch während seines Knabenalters starb sein Vater, und er wurde von seinem Onkel, Mordechai Francis, einem sehr reichen Manne in Aegypten, erzogen. Dieser unterwies ihn im Talmud und in der entsprechenden Interpreten-Literatur. Schon der Knabe verriet große Fähigkeiten, sodaß er zu den begabtesten Schülern des berühmten Rabbiners David Ibn-Abi Simra zählte. Als er

---

[1] Manasse b. Israel: Nischmath Chajjim, Abh. III, Abschn. 5, siehe S. Fin: Kirjah Neemanah, S. 60.
[2] M. Isserls. Thorath ha-Olah III, Kap. 84.

den Sohar kennen lernte, der damals zum erstenmal gedruckt
worden war, fühlte er sich von ihm sehr stark angezogen. Er
studierte unaufhörlich darin und wußte ihn fast auswendig. Dann
begann er sich von der menschlichen Gesellschaft zurückzuziehen
und bezog ein einsames Häuschen am Nilufer. Auch nachdem
er eine Frau genommen hatte, bestritt sein reicher Schwiegervater
den ganzen Haushalt, und er lebte weiter in seiner Zurückgezogenheit. Er verkehrte mit keinem Menschen, sprach selbst
mit seiner Frau nur in den notwendigsten Fällen und auch nur
in hebräischer Sprache und betrat sein Haus nur jeden Freitag
Abend bei Anbruch der Dunkelheit. In solcher Zurückgezogenheit verbrachte er zwanzig Jahre in Aegypten, allen Menschen
unbemerkt.

Im Jahre 1569 kam er nach Safed, welches damals das
große Zentrum der spanischen Kabbalah bildete.[1] Die Kabbalisten
achteten nicht sehr auf diesen sonderbaren jungen Mann, doch
fand er bald einige junge Schüler, darunter den hervorragendsten:
Chaim Vital Calabrese (1543), denen er seine neue Lehre vorzutragen begann, oder eigentlich hat er die alte aschkenasische
Kabbalah in eine neue Form gekleidet und zum Höhepunkt
erhoben. Luria saß nicht mit seinen Schülern zu Hause, sondern
spazierte mit ihnen durch Feld und Wald, zu den Gräbern der
Frommen, oder er unternahm mit ihnen Kahnfahrten auf dem
Genezareth-See. Mit besonderer Vorliebe besuchten sie das
„heilige Grab" des R. Simon b. Jochai, dem jenes Buch, — der
Sohar — zugeschrieben wird, mit welchem R. Luria sich so eng
verwachsen fühlte. Er unterwies sie im Geheimnis der ganzen
Schöpfung. Fand er ja nicht nur in der Thora und ihren Gesetzen Geheimnisse, wie die anderen Kabbalisten! Die ganze
Welt, alles was in ihr besteht, bildete für ihn ein einziges großes,
wunderbares Geheimnis. In allem sah er Seelen, die infolge von
Wandlungen in die verschiedensten Lebewesen kamen: in Mensch
oder Tier, in Pflanze oder Stein. Aus dem brausenden Wasser,
dem Rauschen der Bäume, dem Lispeln der Blätter und dem Gesang der Vögel, aus allem hörte er die Stimmen der Seelen
heraus, welche auf Erlösung, auf Wiederbelebung warten. Kurz,
die ganze materielle Welt verwandelte sich für ihn in eine geistige,
geheimnisvolle Welt, in eine „Welt von Seelen."

Er kennt die Geheimnisse aller sich wandelnden Seelen. Er
kennt die Entwicklungsgeschichte der einzelnen Seelenwandlungen,
kennt auch die Ursachen ihrer Wandlung und die jeweiligen

[1] siehe Einleitung.

Stadien der einzelnen Seelen. Er kennt die Seelen von Adam
und Eva, die Seelen der „Patriarchen", die Seelen Mose's und
Ahron's, der Propheten und der Talmudisten, auch die Seelen
aller Großen in Israel, die vor R. Luria und in seiner Zeit gelebt
haben. Es genügt für ihn, einen Menschen anzusehen, um dessen
Seele in ihrem Geheimnis zu durchschauen, sowie alles, was sie
durchgemacht hat. Er kennt auch seine eigene Seele: die des
Meschiach ben Joseph.[1])

Dieser Gedanke, der im Wesen auf der Seelenwanderungs-
lehre der früheren Kabbalah basiert,[2]) bekam bei ihm eine besondere Form. Das ist der Kern und die Grundlage seiner
Geheimlehre, die er Welt der Gottesordnung (Olam ha-Tikkun)
nannte.

„Alle Seelen — lehrt Luria — in ihren geistigen, mittleren
und empfindenden Bestandteilen waren im ersten Menschen, als
er erschaffen wurde, vereinigt." Alle Seelen in ihrer „guten
Seite" waren in diesem ersten Menschen bis zu jener Zeit, da
er der Sünde verfiel, dann „mischte sich das Gute mit dem
Bösen." Diese Mischung hat sich seit damals forterhalten. Die
heiligen Seelen enthalten Spuren von Unreinheit und die unreinen Seelen Spuren von Heiligkeit, und das ist die Ursache,
welche das Erscheinen des Messias verzögert. Denn er kann nur
dann kommen, wenn die Sünde des ersten Menschen getilgt ist,
wenn „das Gute vom Bösen gesondert", wenn alles geläutert
und geklärt sein wird. Dieses Ziel kann auf zweierlei Weise
erreicht werden: a) Durch „Wandlung": „Wenn das Kind den
Mutterschoß verläßt, verbindet sich mit diesem Körper eine Seele,
welche alle Qualen und Schmerzen erleidet, denen der Körper
von seiner Geburt bis zu seinem Tode unterworfen ist." Selbst
in ein Tier, in Holz oder Stein, in Feuer oder Wasser kann die
Seele durch Verwandlung geraten, solange ihre Sünden nicht
getilgt sind. Allein auf diese Weise könnte die „Läuterung all-
zulange dauern, da es doch nicht ausgemacht ist, daß es der
Seele bei der zweiten oder dritten Wandlung nicht noch schlimmer
ergehen könnte, indem sie statt sich zu bessern, nur noch mehr
sündigen könnte und auf solche Art das Ende der Leiden nur
noch hinausschieben, nicht aber beschleunigen würde. Es gibt
daher noch einen zweiten Weg: b) den des „Jbbur" („Seelenschwängerung") — eine Lehre, die bei Isaak Luria besonders
auftaucht —, indem „der Mensch, der schon lange auf der Welt

---

[1]) Chaim Vital: Sepher ha-Gilgulim Zolkiew 1796. Schibche ha-
Ari Warschau 1849, vgl. Grätz: Geschichte der Juden IX, S. 404.
[2]) Sohar II, 94—114.

ist, bereits als Erwachsener, noch eine andere Seele bekommt."
Der betreffende Mensch hat also zwei Seelen, eine, mit der er
geboren ist, und eine zweite, die sich ihm später angeschlossen
hat. Es kommen beim Menschen manchmal „Schwängerungen"
vor von zwei, drei und selbst vier Seelen. Auch gibt es zweierlei
Art der Seelenschwängerung: 1) Die Seele gliedert sich dem
Menschen neu an aus eigenem Bedürfnis, weil ihr noch die Erfüllung irgend eines Gebotes mangelt, die sie noch aus der
letzten Wandlung nachzuholen hat. 2) Sie schließt sich dem
Menschen zu dessen eigenem Heile an, um ihn zu unterstützen,
ihn zu läutern und zu leiten." Der Unterschied zwischen diesen
beiden Arten der Seelenschwängerung besteht in Folgendem: bei
jener breitet sich die Seele im Körper aus, genau so wie dessen
ursprüngliche Seele, um auch wie diese alle Qualen und Schmerzen
des Körpers durchzumachen, „und sie bleibt bei ihm so lange,
bis sie eben das nachholt, was sie früher verabsäumt hat —
dann verläßt sie den Körper." Bei der anderen Art hingegen,
wo die Seele kommt, um dem Menschen zu helfen, hat sie an
den körperlichen Schmerzen gar keinen Anteil, weil sie ja nichts
verabsäumt hat und nicht aus ihrem eigenen Bedürfnis kommt
und auch an keine bestimmte Zeit gebunden ist. „Sie bleibt
beim Menschen, bis er seinen Lebenswandel verbessert hat, und
je mehr er dies zu tun vermag, desto enger verbindet sich diese
Seele mit ihm." Wenn aber „der Mensch seinen Wandel ver-
schlimmert, dann verläßt ihn diese Seele wieder."

Auf diese zwei Arten also, durch „Wandlung" und „Seelenschwängerung", wird das Gute vom Bösen gesondert, das Gute
selbst wird verbessert und vollendet, und alles kehrt zur ursprünglichen Quelle der Heiligkeit zurück, da noch der erste Mensch
ohne Sünde war. Und zu diesem Ziele „sind die Juden nach
allen Richtungen unter alle siebzig Völker zerstreut und die
Schechina mit ihnen: Vielleicht befinden sich unter den Völkern,
unter welche die Juden verbannt sind, wie bei den Aegyptern,
Babyloniern u. dergl. heilige Seelen, gemischt mit der „Schale"
jenes Volkes, so zieht die Kraft der Heiligkeit der Schechina, die
ein verzehrendes Feuer ist, da sie eben dahin verbannt ist, diese
Seelen an sich, verbindet sich mit ihnen und läutert sie." Und
erst dann, „wenn alle vollkommen sein werden, wenn das Gute
vom Bösen geschieden sein wird, dann erst wird der Messias
kommen."[1]

Wir sehen also, daß in der „Welt der Gottesordnung" des
R. Luria, welche eine bedeutende Rolle in seiner kabbalistischen

---

[1] Ch. Vital: Sepher ha-Gilgulim, Kap. 1, 2, 4, 5, 31.

Lehre spielt, der „Messianismus" den Grundgedanken bildet.
Die Messias-Idee, welche in der Diaspora durch manche Persönlich-
keiten wie Serene (720), Abraham Abulafia (1240—1291) u. a. m.
zum Ausdruck gebracht wurde, bekam zum erstenmal die Gestalt
eines volkstümlichen Systems durch R. Luria. Er forderte das
ganze Volk zur Teilnahme am „Olam ha-Tikkun", zur Mithilfe an
der Verbesserung der „Welt im Himmelreiche" auf; denn dadurch
werde der Messias kommen.

Und was soll das Volk dabei tun? Welches ist der Weg
zum Himmel, den der einzelne Jude einschlagen kann? — Luria
nahm die Grundlagen der aschkenasischen Kabbalah und lehrte
sie das Volk: Fasten, Kasteiungen und Einschränkungen des
Lebensgefühls. Der Mensch soll wenig Geschäfte betreiben, „von
Fleisch und Wein die ganze Woche sich fernhalten, wenig
sprechen und möglichst viel schweigen, um unnützes Gespräch
zu vermeiden." Und weil kein Mensch weiß, was der nächste
Tag bringt, muß er mit seiner Buße eilen und „unterbrochene
Fasttage" von je zwei Tagen und zwei Nächten halten. Bevor
er seine Unterbrechungsmahlzeit zu Ende nimmt, soll er an Stelle
der Gebetriemen Asche auf sein Haupt legen und unter Weinen
sein Brot verzehren, damit er sagen könne: „denn ich habe Asche
wie Brot gegessen",[1] unter Tränen seinen Becher leeren, wie es
heißt: „Und mein Getränk habe ich weinend genommen"[2] „und
Klagelieder soll er singen . . . und nachts auf seinem Bette soll
er sich allen vier Todesarten des Gerichts unterwerfen."[3] Während
die sephardische Kabbalah der Vermehrung der rabbinischen
Satzungen[4] widerstrebte, nimmt es die des Luria, welche auf der
aschkenasisch-talmudischen basiert, mit allen Verboten und Er-
schwerungen sehr genau. Wer eines derselben übertritt, muß
nach Luria solche Buße tun: wer zornig war, 151 Fasttage
durchmachen; wer Wein getrunken hat, der von einem Heiden berührt war, 73 Fasttage. Das geringste Vergehen gegen Keusch-
heitsgesetze wird durch soundsoviele Fasttage gebüßt.[5] Wer
seine Hände nicht gewaschen und dafür die entsprechende Buße
versäumt hat, wird in Wasser umgewandelt. „Wer Juden ver-
botene Speisen oder Fleisch von toten Tieren zum Essen vorlegt,
wird in ein Baumblatt umgewandelt, das vom Winde umher-

---

[1]) Psalmen, 102, 10.
[2]) ibid.
[3]) Ch. Vital: Ez Chaim, Einleitung. Vergl. Immanuel Chai Riku:
Mischnath-Chassidim, Masechet Talmud Thora u. Masechet Tschubah.
[4]) Vergl. Einleitung.
[5]) Ch. Zemach (Schüler Lurias) Nagid Umzaweh, Amsterdam 1712.
II. Teil, S. 15.

getragen wird, und dieses ist ein großer Schmerz."[1]) — Ein Schüler Lurias erzählt: „Mein seliger Lehrer sah einmal, wie man einen Mann, der bereits längere Zeit tot war, gepeinigt hat, ehe man ihn an den ihm bestimmten Platz im Himmel erheben konnte, weil er eine Sabbathvorschrift überschritten hatte. Es war nämlich einmal ohne seine Absicht ein wenig Asche in seinen Schuh geraten, er merkte es nicht und ging damit am Sabbath auf die Straße, so wurde er dafür gestraft." Ein anderer hatte nach dem Tode schreckliche Strafen zu erleiden, „weil er während des Betens in den Gebetriemen an andere Dinge gedacht hatte."[2])

Diese Lehre des Luria, die in R. Chajim Vital ihren wahren Apostel gefunden hatte — er sah in ihr den wahren Weg, der zu Gott führt und durch welchen man „die Welt im Reiche des Himmels" verbessern und die Erlösung beschleunigen könne — wurde nach dem Tode ihres Gründers (1572) durch seine Schüler, die „Jungen des Löwen", verbreitet, welche nach den verschiedenen Ländern zogen, um für die Lehre ihres „Meisters" Anhänger zu werben. Die Lurianische Kabbalah gewann bald alle Herzen, und seine Schriften wurden vom Volke hochgeschätzt. Jedes Wort, das im Namen des „Ari" wiedergegeben wurde, galt als Allerheiligstes — woran nicht gezweifelt wurde.

Ein Schüler: R. Israel Saruk verließ Safed und ging nach Europa, um dort die Kabbalah seines Meisters zu verbreiten. Er kam zunächst nach Italien und fand dort glühende Anhänger für die Geheimlehre seines Meisters auch unter den großen Rabbinen, welche in der Lurianischen Kabbalah gar keinen Gegensatz zum Rabbinismus, sondern eher Stärkung und Unterstützung für denselben fanden. Saruk begründete dort Lehrhäuser für die Lurianische Kabbalah, sodaß Italien eine Zentrale für sie wurde. Und wie dieses Land vordem den Mittelpunkt der sephardisch-palästinischen Kabbalah gebildet hatte, die sich nach den übrigen Stätten des Exils, insbesondere nach Polen, verbreitete, so wurde es jetzt Zentrum der lurianischen Kabbalah, die sich von hier verbreitete und so nach Polen kam.[3])

V.

Vom Ende des sechzehnten Jahrhunderts an verbreitete sich in Polen, das damals Judenverfolgungen am meisten ausgesetzt

---

[1]) Ch. Vital: Sepher ha-Gilgulim.
[2]) J. Ch. Zemach a. a. O, 1. Teil, S. 15, 52.
[3]) Vergl. Ephraim Margulies: Einleitung zu Megallé Amukoth. Lublin 1886.

war, die lurianische Mystik mit wunderbarer Schnelligkeit. Sie, die messianische Kabbalah, fand ihren Ort und ihre Zeit. Das Volk, in den Bedrängnissen, die es immer wilder von außen trafen, und in der inneren Bedrückung des Geistes, hörte auf, sich in die Geheimnisse der sephardisch-palästinischen Kabbalah zu vertiefen. Es begann sich zur Erlösung vorzubereiten, die ihm so nötig war — auf Grundlage der praktischen Kabbalah Lurias. Die letztere nahm das ganze Herz des Volkes gefangen und wurde allmählich zu einer volkstümlichen Bewegung.

An der Spitze dieser Bewegung standen damals drei hervorragende Männer: R. Jessaia Halevi Hurwitz, R. Nathan Neta Schapira und R. Simson aus Ostropoli.

R. Jesaia wurde um das Jahr 1570 geboren. Sein erster Lehrer war sein Vater, der berühmte Rabbi Abraham. Dann studierte er bei dem Gaon R. Salomo Leibusch's aus Lublin und bei dem Gaon R. Meir aus Lublin[1]). Noch in jungen Jahren bekam er einen Namen als talmudische Autorität, und als im Jahre 1590 die „Vierländer-Synode" in Lublin zusammentrat, um dort die alte Bestimmung zu erneuern, daß „kein Rabbiner danach streben dürfe, durch Silber und Gold das Rabbinenamt zu erlangen", da hat auch er, noch jung an Jahren, diese Bestimmung unterzeichnet, unter den übrigen Gaonim, unter denen sich auch seine Lehrer R. Salomo Leibusch's und R. Meir aus Lublin[2]) befanden. Im Jahre 1597 gab er in Krakau das Buch seines Vaters: „Emek Berachah" („Tal des Segens") mit seinen eigenen Verbesserungen heraus. In der Einleitung zu diesem Buche schreibt R. Jesaia entschuldigend: „Obwohl ich selbst weiß, daß ich ungebildeter bin als irgend einer, keine menschliche Einsicht habe, keine Erfahrung des Alters ist hier zu finden, keine Weisheit usw. usw., aber was soll ich tun, wenn mein Vater es über mich verhängt hat, für seine Arbeit einen Anhang zu bilden, so daß neben seiner Größe auch seine Bescheidenheit zu erblicken ist."

Außer diesen Dingen, welche im Druck verbreitet wurden, befanden sich bei ihm im Manuskript Zusätze zum Mordechai.[3]) In den Erläuterungen dieses jungen Mannes, den sein Vater als „Knaben"[4]) bezeichnet, sehen wir schon den künftigen „Sch'loh".

[1]) Sch'loh 113 S. 1, 191 S. 1, 215 S. 1 (Amsterdam 1698) Responsen des R. Meir aus Lublin, N. 2, 3, 39, 49.
[2]) In Luchot Sikaron von D. Friedberg (Frankfurt am Main 1908) in Anm. zu S. 16 findet sich diese Bestimmung nebst den Unterzeichnungen.
[3]) Emek B'rachah II, S. 2, in Verbesserung (Amsterdam 1729).
[4]) das. 112 S. 1.

Dieser „Junge und Kleine an Jahren und Einsicht" — wie er sich selbst so häufig nennt — war schon damals in die Geheimnisse der Kabbalah eingedrungen. Und wenn sein Vater über sich selbst schreibt, daß „in das Verborgene seine Seele nicht kam", kam er, der Jüngling und erfüllte die Worte seines Vaters, indem er die Geheimnisse der verschiedenen kabbalistischen Bücher enthüllte. [1]

Bis zum Jahre 1606 war R. Jesaia in vielen Städten Wolhyniens und Polens Rabbiner und Vorsteher der Jeschibah. Dann wurde er zum Rabbiner in Frankfurt am Main bestellt; als im Jahre 1614 die Juden von hier vertrieben wurden, ging er mit ihnen in die Verbannung und wurde in Prag als Rabbiner angenommen. Nachdem ihm dort seine Frau gestorben war, verließ er Prag im Jahre 1621 und ging nach dem heiligen Lande, wo er im Jahre 1622 ankam. Dort beendete er sein Buch „Sch'ne Luchot ha-B'rit („die zwei Bundestafeln", abgekürzt Sch'loh),[2] das er noch im Auslande begonnen hatte und schrieb auch sein Buch „Scha'ar ha-Schomajim" (Tor des Himmels), das sich als ein Kommentar zum Gebetbuch darstellt, nach dem Ritus von Polen, Rußland, Litauen, Böhmen und Mähren." Im Jahre 1630 ist er gestorben und wurde in Tiberias begraben.

R. Jesaia Hurwitz war des Volkes Liebling und Heiliger. Seine Worte fanden immer aufmerksame Ohren und „beinahe im ganzen „Golus" verbreiteten sich seine Schüler, der größte Teil des „Golus" sehnte sich nach seiner Lehre und seiner Leitung."[3]

Sein Buch „Die zwei Bundestafeln" wurde sehr verbreitet im jüdischen Volke und sein Einfluß war ein mächtiger.

Zur zweiten Ausgabe im Jahre 1598 (Amsterdam) schreibt der Rabbiner der aschkenasischen Gemeinde von Amsterdam, R. Mose Jehuda Hakohen Folgendes: „Das Buch ist allen teuer und jedem Menschen wert. Seine Worte sind ihnen so angenehm, daß sie ihr Ohr zu einem Trichter machen, um seine Mahnungen zu hören, und mit Durst seine Worte trinken." Der Rabbiner Berlins, R. Schemaja, schreibt in seiner „Haskamah" zu dieser Ausgabe: „Viele von den Kindern Israels, die Frommen und Gottesfürchtigen, ob reich oder arm, sehnen sich, dieses Buch zu kaufen und preisen es." Ja, bis heute wird dieses Buch im Volksmunde „der heilige Sch'loh"[4] genannt.

---

[1] das. 20 S. 1.
[2] s. Landshut: Amude ha-'Abodah 138. Hurwitz: Frankfurter Rabbiner I, 41—44.
[3] Sein Sohn R. Sabbatai in seiner Einleitung zum Sch'loh.
[4] Das Buch Sch'loh ist bis heute in vielen Ausgaben gedruckt. Infolge seiner großen Beliebtheit und Heilighaltung im Volke wurden

In diesem, wie in seinen übrigen Büchern bildet die Kabbalah die Grundlage aller seiner Anschauungen. „Erkenne Gott, deinen Vater" — so sagt R. Jesaia — „in Seiner Einheit nnd Seinem Namen; das Geheimnis der Emanation wird verständlich aus dem Geheimnis des Studiums der kabbalistischen Weisheit, welche den Einfältigen weise macht und, wer nicht dieses Weisheits- licht sah, sah kein Licht sein Leben lang. Denn dann wird er verstehen das Geheimnis der Einheit des Gebenedeiten, das Ge- heimnis Seiner Vorsehung und die in der Thorah erwähnten göttlichen Eigenschaften, die erhaben sind über alle Philosophie. Heil dem Auge, das all dies sehen konnte! Und wer sich davon trennt, trennt sich vom ewigen, geistigen Leben." Aus diesem Grunde ist er ein Gegner der Philosophie und „jener Söhne unseres Volkes, welche an die griechische Weisheit sich binden, die das Urteil der Thorah und seine Absicht in Wermut ver- wandeln." Er bekämpft Maimonides, Abraham ibn Esra, Lewi ben Gerschom.[1]) Und wenn er einmal seine Freude über Maimonides ausdrückt, weil dieser in seiner Einleitung zu „Seraim" „zum Lobe der Agada" sich äußert und „wie man Wunderdinge andeutet", so schwächt er wieder sofort den guten Eindruck, welchen diese Worte des Maimonides auf ihn ausgeübt, weil ihnen das richtige Fundament, die Kabbalah mangle. „Ueberall gibt es über das Hohe ein Höheres, Geheimnisse des Verborgenen, welche höher sind als jene Geheimnisse, die Maimonides in der Erklärung der Agadot und Midraschim ausdenkt, das sind die Geheimnisse der kabbalistischen Weisheit.[2])

Die Kabbalah bildet, wie gesagt, das Fundament seiner Worte. Wo immer wir sie lesen, sehen wir die Kabbalah vor ihm hergehen als Wegweiserin. Sie ist in seine Glieder aufge- nommen, Teil seines Wesens geworden und er blickt nur mit

---

davon verschiedene gekürzte Ausgaben veranstaltet, um die Lektüre zu erleichtern. „Denn in der Oeffentlichkeit ist es bekannt, daß die guten und richtigen Verhaltungsweisen und Eigenschaften, die darin sich finden, zu großem Nutzen sind für Körper und die drei Teile der Seele" (R. Jechiel Michal Epstein in der Einl. zum Buche „Kizur Sch'loh" Fürth 1883). Außer dieser verkürzten Ausgabe ist gedruckt: „Mezaref la-Kessef", gekürzte Ausgabe des „Sch'loh" von R. Salomo Zoref aus Posen (Fürth 1881), „Me'il Sch'muel" gekürzte Ausgabe und Einleit. zum „Sch'loh" von R. Samuel Ottiling (Venedig 1705).

[1]) „Sch'loh" 2 S. 1, 8 S. 1, 20 S. 2, 41 S. 1, 41 S. 2, 182 S. 2, 183 S. 1. Doch erscheint Rabbenu Bachja würdig in seinen Augen und er erklärt es für eine Pflicht, in dessen Buche „Chowot ha-Lewawot" bewandert zu sein (s. das. 40 S. 1).

[2]) Sch'loh 412 S. 1. Ein anderesmal schreibt er über Maimonides: „Schon haben ihn die wahren Weisen auf den Scheitel getroffen" (das. 193 S. 2).

ihrem Auge alles an, so daß er sogar die dreizehn Glaubens-
artikel des Philosophen Maimonides „auf Grund der Wahrheit
in den Geheimnissen der Kabbalah" erklärt.[1]) Als ein echter
Kabbalist hebt er das Verborgene in der Thorah über ihr Offen-
bares: „Die Thorah ist ein Heiligtum im Bezug auf das Offenbare und ein Allerheiligstes im Bezug auf das Verborgene." Das
Verborgene, das Mystische in ihr — das ist ihre Seele.[2])

R. Jesaia Hurwitz war nicht originell in seinen Anschauungen der kabbalistischen Weisheit. Er führt nichts Neues ein,
vielmehr stützt er sich im Wesentlichen auf seine Vorgänger, die
er überträgt und zur Darstellung bringt, unter Hinzufügungen
seinerseits. „Ich bin nur gekommen" — sagt R. Jesaia — „um
ein Weniges von dem Wenigen zu enthüllen, das ich von den
Schriftstellern und aus den Büchern empfing, die dem Sohar
folgen, insbesondere von den letzten Großen gesegneten Angedenkens, aus den Büchern des göttlichen Heiligen, des R. Meir
Gabbai, des göttlichen R. Mose Kordovero und des letzten Großen,
des heiligen Gottesmannes: des „Ari". Und nur ein Weniges
kann ich von mir selbst hinzufügen, um meinerseits eine Erklärung dieser Dinge zum Verständnis zu bringen."[3])

R. Mose Kordovero und den „Ari", die sephardische theoretische und die aschkenasische praktische Kabbalah, wir finden sie
beide verbunden in seinen Büchern, insbesondere in dem Buche
Sch'loh. Er war einer der Ersten, der den Versuch machte,
zwischen beiden zu vermitteln und er findet in seinem Buche
Raum für beide Systeme zugleich. Wenn er über abstrakte,
gedankliche Dinge spricht, wie über Gott und die Schöpfung,
Israel und die Thorah, dann bedient er sich der spanischen
Kabbalah, besonders der Schriften des R. Mose Kordovero, aus
denen er ganze Abschnitte überträgt. Beschäftigt es sich aber
mit praktischen Gegenständen, mit dem Dienste der Gottheit und
seinem inneren Ziele, dann bedient er sich vorzugsweise der
aschkenasischen lurianischen Kabbalah.

Schließlich ist aber für R. Jesaia Hurwitz die praktische
Kabbalah das wesentliche Fundament. Denn der Gottesdienst,
das Tun des Guten und die Erfüllung der Gebote bildet das
Wesentliche im Leben des Menschen. Nicht durch bloße Kennt-

---

[1]) Sch'loh 58 S. 4, 59 S. 1.
[2]) Sch'loh 85 S. 1. Scha'ar ha-Schomajim 385 S. 1.
[3]) Sch'loh 2 S. 1, zumeist zieht er folgende kabbalistische Bücher
heran: Sohar, Scha'are Orah, Reccanati, Pardes, Pelach ha-Rimmon,
die Schriften des Ari, Reschit Chochmah, Awodat ha-Kodesch, Ha-Chajat,
Ma'arechet Elohut.

nisse und Begriffe wird es dem Menschen möglich, dahin zu
kommen, wohin er kommen muß und soll, sondern durch die
Tat. „Der vollkommene Grad ist die Tat. Durch die Erfüllung
der Gebote verbindet man sich mit der Gottheit", denn das ist
Zweck und Ziel, „gottgleich zu werden, in Verbindung mit
Seinem Namen" und nur durch sie, die Gebote, wird es möglich,
dieses Ziel zu erreichen, „denn sie sind der verbindende Faden
zwischen denen, die sie erfüllen und dem geeinten Namen selber."
Der Mensch ist vermittelst der Thorah und der Erfüllung der
Gebote mit dem Allheiligen verbunden, was vollkommen aus-
gedrückt ist in dem Ausspruche des Sohar: „Drei sind verbunden,
der Allheilige, die Thorah und Israel." Aber es gibt keine Vollkommenheit der Tat als nur in „richtiger innerer Absicht." „Nur
wer in der richtigen inneren Absicht dem Herrn dient, wer mit
seinen Fähigkeiten zur Einung des Namens beiträgt — durch
die innere Absicht im Werke, in der Erfüllung der Gebote, durch
das Geheimnisvolle und Geistige darin — verknüpft und verbindet er sich mit der Gottheit." Er deutet den Bibelvers:
Welche der Mensch erfülle (die Gebote) und durch sie lebe."
Das Erstere bezieht sich auf die tägige Erfüllung der Gebote.
Das Zweite ist die Verbindung mit dem Geheimnisvollen des
Gebotes, das ist dessen Lebendigkeit, Geistigkeit. Denn von
dieser Geistigkeit aus, das heißt dem Gedanken, ist die Verbindung
mit dem, dessen Name gebenedeit ist, möglich. Denn in der
inneren Absicht der Gebotserfüllung besteht ein göttliches Geheimnis, ohne welches es keine Verbindung gäbe von der Körperlichkeit der Tat zu ihrer Geistigkeit — und das letzte Ziel der
Geistigkeit ist der Gebenedeite." Hier, in dem gottesdienstlichen
Leben und seiner inneren Absicht, steht, wie gesagt, R. Jesaia
ganz unter dem Einflusse der deutschen, lurianischen Kabbalah,
sodaß ihm die spanische, theoretische Kabbalah sogar nur wie
ein Mittel erscheint für die lurianische Kabbalah als Zweck.

Wenn die Kabbalah überhaupt ein Inneres ist, so „gibt es
noch ein Inneres des Inneren, tief, tief, daß es kaum zu finden
ist, und nur ein Weiser vermag es auszuschöpfen. Solch ein
vollkommener Weiser war der göttliche Kabbalist und große
Lehrer: der „Ari" gesegneten Angedenkens, der die Augen der
Verständigen durch die innere Weisheit erleuchtet hat, die in den
Geheimnissen des Herrn gegenüber seinen Frommen liegt, durch
Begründung und Sinn der Gebote, durch Gebete und Lob-
preisungen nnd die Einungen und Geheimnisse des „Schema"
— Heil dem, der dessen gewürdigt ist." So sind die Worte
des „Ari" in seinen Augen „tief und verborgen" und er fürchtet

darum, „dessen Geheimnisse zu enthüllen", damit er nicht strauchle, „denn wer vermag zu bestehen vor den hohen und erhabenen Geheimnissen des Herrn, deren kein Ende ist?"[1])

Und wenn R. Jesaia die „verborgenen" Worte des „Ari" nicht enthüllen will, so legt er dagegen die offenen, die praktischen Worte jedem Juden als heilige Pflicht auf, sie zu beobachten und zu erfüllen. Und jenes enthaltsame, nasiräische Leben, das wir beim „Ari" als erste Grundlage des göttlichen Dienstes finden,[2]) finden wir auch bei R. Jesaia Hurwitz. „Denke daran" — so wendet sich R. Jesaia an den Menschen: „daß du im Ebenbilde Gottes gemacht bist, darum löse deine Glieder von der groben Stofflichkeit, heilige dich und hange dem Gebenedeiten und seiner Thorah an!" Er rät hier dem Menschen, seine Materie, seinen Körper zu heiligen und in Geistigkeit, Seele umzuwandeln. Es muß der Mensch „die Materie läutern, daß sie nicht grob und getrübt sei, sondern auf dem Wege der Läuterung, und es überwinde die Vernunft den Stoff, derart, daß dieser null und nichtig werde gegenüber der Vernunft." Der Mensch muß immer daran denken, „daß sein Wohnsitz nicht in dieser Welt, sondern in der Höhe ist vonseiten seiner Seele, denn diese ist ein göttlich Teil, das von oben stammt. Und die Seele ward in den Menschen gelegt und in diese Welt gesandt als in die Welt des Werkes, daß er sie bediene und behüte, durch Beschäftigung mit der Lehre und Erfüllung der Gebote. Aber sie ist in dieser Welt fremd wie der Bewohner eines anderen Landes, denn sie ist von den Bürgern der höheren Welt. Zumal diese Welt, ein fremdes Land, das Gegenteil der höheren Welt ist, denn sie nennt das Böse gut und das Gute böse, sie verachtet das Gute und wählt das Böse, strebt nach Essen und Trinken und körperlicher Annehmlichkeit und geht dem Ueberflüssigen und der Herzenswillkür nach." Und der Mensch ist verpflichtet, den Willen des Körpers zunichte zu machen gegenüber dem Willen der Seele „und er tue alles entsprechend der Natur der Seele nnd nicht der Natur des Körpers, der den Gelüsten nachgeht, dem Ueberflüssigen, dem Neide, dem Ehrgeiz nnd dergleichen. Er wandle nach der Natur der Seele, die all diesem widerstreitet, nnd denke, daß er vermittels der Seele gewürdigt wird der großen Ehre, Erkenntnisse über seinen Schöpfer zu gewinnen.

„Darum erhebe er die Seele über den Körper, daß s i e zur Herrscherin werde." Und die „Natur der Seele" verlangt vom

[1]) Sch'loh 2 S. 2, 31 S. 2, 35 S. 1, 164 S. 1, 184 S. 2, 187 S. 2, 300 S. 1, Schaar ha-Schomajim 89 S. 2, 91 S. 1, 548 S. 2.
[2]) s. oben Kap. IV.

Menschen, alle Worte der Lehre zu lernen nnd zu lehren, zu
wahren und zu erfüllen, sei es jene der Thorah oder die der
rabbinischen Weisen, denn auch was die Weisen sagen, hat uns
der Gebenedeite zum Gebote gemacht, indem es heißt: „Du
sollst nicht weichen von den Worten, welche s i e dir künden
werden." Und er muß „zu der Wache noch eine Wache hinzufügen und auf der Hut sein, daß er nicht auch irrtumsweise
zum Straucheln komme." Er mnß „in Furcht und bebender
Vorsicht vor jedem Dinge stehen, das ihm begegnet: sei es ein
Verbot oder ein Gebot, ein schweres oder ein leichtes. Er
denke daran, daß die Welt wie eine Wage ist, auf der ein kleines
Ding den Ausschlag gibt, und so in Furcht und Vorsicht darauf
achten, daß auch nicht die kleinste Schuld und nicht die Spur
einer Schuld die Seite der Verschuldung zum Sinken bringe, im
Gegenteil trachte er jederzeit, in jedem Augenblicke danach, durch
Pflichterfüllung, durch Liebewerk und wohltätige Gesinnung die
Welt nach der Seite des Verdienstes zum Entscheid zu bringen."
„Und er lebe beständig in Furcht und Zittern, voll Scham und
Züchtigkeit und gesenkten Hauptes", wie die Weisen gesegneten
Angedenkens sagten: „Wenn einer in stolzer Haltung geht, so
ist es, als ob er die Schechinah von sich stieße. Und er beuge
die Augen nieder und gebe sich keinem Lachen und Scherze
hin." „Und er denke in den Tagen seiner Jugend an sein Alter,
in seiner Höhe an seine Tiefe, in seiner Freude an seine Trauer,
in seinem Hochzeitsjubel an seine Schande, in seinem Gute an
sein Leid, in seinem Reichtum an seine Armut, in seinem Glanze
an sein Elend". Er ertöte die Empfindung des physischen
Lebens und sei enthaltsam im Essen und Trinken, sondern esse
und trinke „nur zur notwendigen Lebenserhaltung", nur seiner
Seele wegen, „damit sie noch mit dem Körper in Verbindung
bleibe, zum Dienste des Schöpfers. Könnte der Mensch ohne
Speise und Trank existieren, wie gut wäre es — aber die Thorah
wurde eben nicht den Engeln gegeben. Aber jedenfalls genüge
es ihm, sich des zum Leben Notwendigen zu bedienen!" „Er-
manne dich", ruft R. Jesaia dem Menschen zu — „nur so viel
zu essen, was jede Seele zur Erhaltung des Lebens braucht, mehr
oder bloß eines häßlichen Vergnügens willen soll man nicht
essen, und jede Schlemmerei ist beeinflußt von der Region der
„Lilith" und gleicht Esaus Linsengericht. Halte all dein Leben
nur Pflichtmahlzeiten, das heißt, daß du mit deiner Ernährung
an die Erschaffung des Leibes denkst zum Dienste des Gebenedeiten und nicht an den Genuß, sondern dies nur ein wenig am
Sabbat und an Fest- und Neumondstagen, aber auch da sollst

du nicht das Maß überschreiten."[1]) Und jeder Mensch sei stark wie ein Löwe und gewöhne sich an Fasten und Kasteiung in Freude und fröhlichen Herzens, um sich dadurch zu heiligen." „Das Fasten, an dem der Mensch sein Fleisch und Blut gering macht, fällt in das Geheimnis des Opfers." „Wenn das Fasten in Heiligkeit geschieht, nach dem Geheimnisse des Opfers, und sich der Mensch des Zornes enthält und der Lehre, der Gebote und der wohltätigen Gesinnung befleißigt — dann ist es etwas Großes. Denn dann gehört er bereits nicht der grobstofflichen diesseitigen, sondern der jenseitigen Welt an, in der kein Essen und Trinken ist, sondern nur ewiges Licht." „Ich möchte dir raten", wendet sich R. Jesaia an den Menschen, „alle deine Lebenstage zu einer Art Fasttagen zu machen."[2])

Gleichzeitig mit der Heiligung seines Leibes durch das Fasten und die Heiligung der Ernährung sei er auch in seiner Rede rein und heilig: „Man soll nicht müßigerweise sprechen und auch nicht müßige Worte hören lassen." „Ist die Rede nicht heiliger Art, sondern eitler Hauch des Mundes, dann ist sie entweder sündhaft, oder, wenn sie schon nicht sündhaft ist, sondern ganz leer, dann ist sie doch völlig nichtig und wesenlos, und der Geisteshauch des Menschen, der in die Höhe steigt, steht dann mit dem des Tieres auf gleicher Stufe", und besser ist es zu schweigen. „Das Schweigen faßt alle Vorzüge in sich, denn es bezieht sich auf zweierlei, auf den Mund und auf das Herz. Ersteres im wörtlichen Sinne — auf diese Weise wird man vor den vielen schweren Sünden der Thorah bewahrt, wie falschen Schwüren, Gelübden, Verleumdungen usw. — und auf das Herz: daß es nicht voreilig seinen Gedanken wirklich mache, denn wie ein verbotenes Sprechen gibt es ein verbotenes Denken. Und der Mensch schweige im Herzen vor den verderblichen Gedanken, das heißt, er wende sein Denken davon ab, so wird er zunichte machen: Neid, Haß, Begierde, Ehrsucht und solche sündige Gedanken, die schlimmer sind als sündige Taten."[3]) Nicht an der Heiligung des Körpers und der Rede soll es sich der Mensch genügen lassen, „sondern der Gedanke muß heilig, rein und lauter sein, jederzeit, in jedem Augenblick, nicht bloß, während sich der Mensch der Thorah befleißigt oder während er betet oder ein Gebot erfüllt; sondern auch wenn er sich mit seinen gewöhnlichen Angelegenheiten beschäftigt, soll er alles

---

[1]) Sch'loh 48 S. 2, 50 S. 2, 52 S. 2, 62 S. 2, 63 S. 1, 80 S. 2, 235 S. 1, 321 S. 2, 335 S. 2, 421 S. 2.
[2]) das. 80 S. 1, 212 S. 2, 420 S. 2.
[3]) das. 104 S 1, 107 S. 1, 108 S. 2, 110 S. 1.

um des Himmels willen tun und in seinen Gedanken dem Gebenedeiten anhangen und auch keinen Augenblick sich von dieser
Verbindung lösen." „Immer denke der Mensch an den Gebenedeiten und weiche nicht in Gedanken davon. Wisse, daß Er
beständig über dir steht und in den verborgensten Tiefen jedes
Herz ergründet." „Heil dem Menschen, dem Gott der Ewige
immer im Gedanken ist." Der erste Gedanke, den der Mensch
denken soll sofort beim Erwachen aus dem Schlafe, ist der: „Er
denke an den Weltenschöpfer in innigem Gedanken, daß Er
Einer, einzig und geeint ist, er denke, daß der König der Könige,
der Allheilige der Herr und Herrscher ist, Wesen und Wurzel
aller Welten, Ursache aller Ursachen und letzter Grund.[1] „Der
Mensch muß also sich selbst heiligen „in Tat, Wort und Gedanken."[2] Und diese dreifache Heiligkeit muß ihn allerwegen
durch sein Leben begleiten.

Es wollte R. Jesaia den Menschen ganz heilig, ganz zu Gott
aufsteigend machen, sodaß selbst seine Stofflichkeit, sein Körper
und seine gewöhnlichen Taten zu Heiligkeit und Geistigkeit sich
umwandeln, und weil er weiß, wie sehr die verdorbene Umgebung auf Taten und Gedanken des Menschen übel einwirkt,
so rät er dem Menschen, das lärmende und tobende Leben, das
ihn umgibt, zu verlassen und in die Einsamkeit zu gehen.
„Einsamkeit", sagt R. Jesaia, „nützt der Seele siebenmal mehr als
Studium." Eine große und hohe Stufe ist die der Einsamkeit.
Von dieser aus wird er vieler heiliger und reiner Stufen und des
Wissens um die Welten würdig". Darum soll der Mensch sich
vereinsamen und „einsam und verschlossen in den vier Ellen
seines Weges weilen und das Heiligtum: sein Heiligtum nicht
verlassen. Er soll sich nicht unter die Menschen mengen, denn
so wird er vor all den Sünden bewahrt, welche zwischen dem
Menschen und seinem Nächsten spielen, bleibt heilig in Wort,
Gedanken und Tat, wird bewahrt vor Begierde und Lust und ist
der Thorah beflissen. Das heißt ein keuscher Wandel mit deinem
Gotte, wenn der Mensch keusch und verschlossen wird und nur
der Gebenedeite mit ihm ist."[3]

Doch R. Jesaia Hurwitz genügt nicht all die Heiligung,
Kasteiung und Selbstpein, und auch nicht die Vereinsamung und
Absonderung, welche er jedem Menschen anrät und zur Pflicht
macht. Sondern er kennt die sündige Seele, der es unmöglich
ist, nicht in irgend etwas zu straucheln, und darum rät er dem

[1] das. 57 S. 2, 60 S. 2, 102 S. 1, 283 S. 2.
[2] das. 57 S. 2.
[3] Sch'loh 71 S. 1, 72 S. 1, 203 S. 1.

Menschen, jede Nacht vor dem Schlafe, einsam zu sitzen, sich
im Staube zu wälzen, all seine Taten zu überdenken und darin
nachzuspüren. Und wenn er etwas findet, so soll er dieses Un-
gesäuerte vertilgen und verbrennen; und die Hauptsache ist die
Vernichtung im Herzen: daß er Buße (Umkehr) tue mit seinem
ganzen Herzen — und ein gebrochenes, gebeugtes Herz kann
Gott nicht verschmähen."[1] Buße! Das ist das Wort, so teuer
und wert den Ethikern und Mystikern, besonders jenen von der
Richtung des „Ari", und teuer und wert ist die Buße auch für
R. Jesaia Hurwitz. Der Mensch muß „Tag für Tag nachsinnen
und Buße tun." „Wer das ewige Leben erstrebt, muß alle Tage
völlige Buße tun." Denn „es gibt kein Ding, das vor der Buße
besteht, aber selbst für den, der alle Sünden der Welt begangen
hat, gibt es eine Umkehr." Die Umkehr muß aber „aus Liebe
geschehen und nicht aus Furcht." Die Demut „gehört zu den
Wurzeln der Umkehr und in Demut nahe der Mensch dem
Gebenedeiten." „Das Bekenntnis, die Reue und die Verlassenheit,
sie führen alle wie an einem Stamme zum Gipfel der Buße
(Umkehr)." „Und wohl dem, der sich in Sack und Asche hüllt,
seine Sünden beweint und beklagt und sie weinend und gesenkten
Hauptes bekennt, und sich niederbeugt, bis die Wirbel knacken,
und damit erfüllt er das Wesen der Buße, das in den Anfangsbuchstaben der Worte liegt: Fasten, Sack und Asche, Weinen,
Trauerklage."[2]

Vor uns steht der Ari in vollem Ebenbild. Mit Leichtigkeit
können wir ihn erkennen.

Das ist der zentrale Punkt in dem Buche „Die zwei Bundestafeln", das wenige seinesgleichen hat in unserer alten Literatur
an sittlichem Geiste, der es von allen Seiten beherrscht, am
Geiste des Mysteriums und der mächtigen Gottes- und Menschen-
liebe in ihren vielen und mannigfachen Färbungen. Dieses Buch
wirkte sehr zur Verbreitung der lurianischen Kabbalah im Innern
unseres Volkes, besonders in Polen, wo der Verfasser lange Zeit
lebte und Rabbi und Lehrhausvorsteher war und in diesem Geiste,
dem Geiste der lurianischen Kabbalah, das jüdische Volk erzog.
„Und der Lehre beflissene Männer aus dem Reiche Polen" waren
auch die Ersten, welche den Entschluß faßten, den „Sch'loh",
dieses wichtige Buch, zum zweitenmale herauszugeben (Amsterdam 1698), nachdem von der ersten Ausgabe „nur geringe

[1] das. 313 S. 2.
[2] (Ta'anit, Ssak wa-Efer, B'chijah, Hasped. Die Anfangsbuchstaben ergeben: Teschubah — Buße, eig. Umkehr). Das. 56 S. 1, 213
S. 1, 222 S. 2, 229 S. 2, 234 S. 1, 421 S. 1.

Spuren hier und dort verblieben waren." Und das Buch fand die geeignete Zeit, eine Zeit des Kummers und der Trauer, des Einsiedlertums und der Askese, wovon die Atmosphäre der Judenheit Polens damals, am Ende des 17. Jahrhunderts, voll war. Und jene Herausgeber, „welche von Armut und kärglichem Brot das Letzte sich absparten",[1]) um den „Sch'loh" zum zweiten Male herauszugeben, erkannten den mächtigen Einfluß dieses Buches auf die Juden Polens. Umso eifriger wurde ihr Bemühen, dieses Buch der großen Menge des Volkes zugänglich zu machen.

R. Nathan Schapira wurde geboren im Jahre 1575 seinem Vater R. Salomo Schapira, der ihn nach dem Namen seines Vaters, des berühmten Gaon Nathan Schapira benannte, welch letzterer Oberrabiner in Grodno gewesen war (gestorben 1577) und die Bücher: „Mewo Sch'arim" und „Jmre Schefer" verfaßt hatte. Er stammte aus einer berühmten Rabbinenfamilie der Gemeinde Speier in Deutschland, welche Stadt in der Geschichte der Juden Deutschlands im Mittelalter eine große Rolle spielte. Und nach dieser Stadt hatten die Häupter dieser Familie ihr den Namen Schapira gegeben.

Als Kind einer angesehenen Rabbinenfamilie wurde auch R. Nathan in Talmud und „Pos'kim" unterrichtet und bereitete sich vor, ein Rabbiner in Israel zu werden, wobei seine ausgezeichneten Fähigkeiten ihm zustatten kamen, insbesondere seine ungewöhnliche Gedächtniskraft: „das große G e d ä c h t n i s, das nirgends seinesgleichen hat."[2]) Allein er begnügte sich nicht mit den rabbinischen Studien, sondern befaßte sich auch mit Astronomie, Philosophie, Kabbalah und hebräischer Grammatik.[3])

Seine Entwicklung und Vervollkommnung erreichte ihren Höhepunkt, als er sich, nachdem er dort ein Weib genommen hatte, in Krakau ansässig machte. Krakau war damals Mittelpunkt der offiziellen Gelehrsamkeit und der Kabbalah, und dort erzielte er in all diesen Zweigen die größten Erfolge.

Im Jahre 1617, im Alter von 32 Jahren, wurde er zum Oberhaupt der großen „Jeschiwah" gewählt und, wie es scheint, auch zum Leiter der gerichtlichen Behörde. Zugleich hatte er

---

[1]) R. Jakob Sasportas in seiner „Haskamah" (Bewilligung) zu dieser Ausgabe.
[2]) Einleitung seines Sohnes R. Salomo zu „Megalleh Amukot W'etchanan." Lemberg 1800.
[3]) das.

von Sabbat zu Sabbat vor der Gemeinde in der Synagoge zu predigen.

Und hier treffen wir auf jene seltsame Erscheinung, jene Mischung, die durchaus nicht schön ausfällt, die aber bei den rabbinischen Kabbalisten im siebzehnten Jahrhundert so häufig ist: das waren Männer mit zwei Gesichtern, mit zwei Seelen, deren jede über die andere die Oberhand gewinnen möchte. R. Nathan, der kabbalistische Rabbiner, teilte sein Wesen gleichsam entzwei: seinen Rabbinismus gab er seinen Schülern in der „Jeschibah", sie lehrte er Talmud und „Poss'kim".[1]) Und der Volksmenge, welche an diesen Studien keinen Anteil hatte, dem Volke, das so sehr verknüpft und verbunden war mit jener religiösen und mystischen Stimmung, die in der Kabbalah lebt, ihm gab er seine Kabbalah und predigte vor ihm Sabbat um Sabbat „Worte, süßer als Honig und Seim, erhabene Einleitungen, dem Sohar und den übrigen Büchern der Weisen der Wahrheit entnommen."[2])

So war R. Nathan Rabbiner und Kabbalist zugleich; aber der Kabbalist in ihm überwog den Rabbiner und wie er in seiner schriftstellerischen Arbeit vorzüglich der Kabbalah sich ergab,[3]) so führte er sich auch in seinem sonstigen Leben als ein Mann, für den Kabbalah und Mystik die Grundlagen des Lebens bildeten. Und auch das Volk sah auf ihn als einen Kabbalisten, der in höhere Geheimnisse eindrang, nnd erzählte von ihm mancherlei Legenden, darunter die eine, wie er während der Nacht zum „Mitternachtsgebete" aufstand, „um die Welt durch das himmliche Reich zu bessern", und da „weinte er und sang mit trauriger Stimme das Gebet um Aufrichtung der gesunkenen Hütte Davids. Und da gesellte sich Elia zu ihm und sagte ihm: daß die Engel der Wartung sich dieser seiner Weise bedienen und in ihr in den Chören der Höhe um die Zerstörung ihr Klagelied singen."[4]) Diese Legende, wie der Prophet Elia ihm erschienen war, erschien in den Augen des Volkes derart als Wahrheit, daß man in seinen Grabstein in Krakau folgende Worte meißelte:

---

[1]) das.
[2]) Sein Schüler R. Berachjah Berech in seiner Einleitung zum Buche: Sera Berech, Amsterdam 1730.
[3]) Seine kabbalistischen Bücher sind: „Megalleh'Amukot Waetchanan", Krakau 1636 und später in verschiedenen Ausgaben: „Megalleh' Amukot al ha-Thorah" Krakau 1795 und spätere Ausgabe Lublin 1884. Handschriftlich verblieben von ihm: „Sefer al ha-Kabbalah" (s. o. Einl. seines Sohnes), „Thorat Nathan al ha-Thorah" (erwähnt in: „Megalleh Am. Waetchanan" 66) „Elef Ofanim al Aleph se'ira schel Wajikra" (das. 72).
[4]) Die erwähnte Einleit. seines Sohnes.

Hier ruht ein heiliger Gottesmann von den Urersten,
Enthüller der Tiefen und verborgenen Dinge,
Er, von dem man sagt, daß Elia von Angesicht zu
Angesicht mit ihm gesprochen.[1]

R. Nathan starb im Jahre 1633, und seine Söhne und Schüler,
angesehene Rabbinen und Kabbalisten, verbreiteten seine Lehre
im Volke. Diese war aber die der lurianischen Kabbalah. Wenn
wir seine Worte lesen, stoßen wir auf Schritt und Tritt auf Anschauungen des „Ari". Wenn er trotzdem dessen Namen nicht
nennt, so will er sie damit keineswegs sich selber zuschreiben,
sondern er tut dies, weil sie sich in der neuen Kabbalah bereits
eingebürgert hatten und man ihre Quelle schon kannte.

Wie beim Ari, so findet man auch bei R. Nathan nicht jene
vertieften Betrachtungen über Gott und die Schöpfung, die Seele
und ihre Geheimnisse, die so sehr die spanischen Kabbalisten
beschäftigt hatten. Die Worte des R. Nathan drehen sich wie
die des „Ari" um einen Punkt: „Seelenwanderung" und „Seelenschwängerung" — das ist das Zentrale ihrer Anschauungen.
Wenn er hie und da von anderen Dingen spricht, geschieht dies
mehr nebenbei, nicht um ihrer selbst willen, sondern wieder nur
im Hinblick auf dieses zentrale Gebiet. Und auch hierin bringt
er nichts Neues und will auch nichts Neues bringen. Er bringt
nur alles, wie er es beim „Ari" und bei R. Chajim Vital gelernt,
und fügt seinerseits nur Stützen und Beweise hinzu, auf Grundlage der Anfangs- und der Endbuchstaben, Verknüpfungen nach
den Methoden von „Gematria" und Notarikon", worin er ein
großer Meister ist, und bringt dadurch mannigfaltige Dinge mit-
einander in Verbindung. Und jener messianistische Gedanke,
welcher die Kabbalah des „Ari" durchdringt, durchdringt auch
die Kabbalah des R. Nathan. Die Gedanken Luria's, „das Gute
vom Bösen zu sondern, die Welt durch das Reich des Himmels
zu bessern", sie sind auch die Grundlagen der Kabbalah des
R. Nathan: man muß die „gefallenen Funken bessern und erheben." Und das ist „der Sinn der Verbannung: von dort die
verstoßenen Seelen emporzuheben."[2]

Und R. Nathan betrachtet die Welt Israels und findet bei
ihm, seit es zum Volke wurde, diese Rolle: das Gute vom Bösen
zu sondern und die verstoßenen Seelen wieder in ihre Bahn zu
lenken. Die „heiligen Urväter" waren die Ersten, welche mit
diesem Werke begannen, „heilige Funken aufzulesen, welche nach

---

[1] s. Zunz, Ir ha-Zedek 76, Friedberg, Margnita Schapira.
[2] Megalleh Amukot zum Pentateuch „Lech-lecha", „Wajikra",
„Nassa", „Bechukotai", vgl. „Sefer ha-Gilgulim", Kap. 1, 2, 4, 31.

„der anderen Seite" („Sitra achra") herabgesunken waren", und darum ging Abraham nach Aegypten hinab, um von dort die Funken herauszuziehen"; und das war auch das Ziel der göttlichen Vorsehung bei der Verbannung Israels nach Aegypten „die reinen Funken emporzuheben, die zwischen den unreinen verschluckt sind", und erst als ihnen dies gelang, „konnten sie die schriftliche Lehre empfangen." Ebenso geschah es nachher bei der „Verbannung in Babylon." Israel wurde dahin verbannt, um von dort die reinen Funken emporzuheben und erst dann konnte es „die mündliche Lehre vollständig aufnehmen."[1]) Und es gab wirklich eine Stunde, da alles in seinen Urzustand, wie er vor der Sünde war, zurückkehrte, da alles „gereinigt und lauter wurde" — das war die Stunde der „Offenbarung der Thorah." „Damals" — so erzählt die alte jüdische Mystik — „hörte der Giftschaum der Urschlange auf."[2]) Aber Israel sündigte mit dem „goldenen Kalb", und neuerlich kam Verwirrung in die Welt und „das Gute verwurzelte sich mit dem Bösen." Und solange diese Sonderung nicht vollzogen ist, solange Licht und Finsternis in Mischung sind, ist Israel in der Verbannung zerstreut, um die heiligen Funken, die von Unreinheit verschlungen sind, zu läutern und zu erheben. Und das ist das Geheimnis dessen, daß „ganz Israel hin- und hergerollt wird, von Volk zu Volk wandert: um nämlich den Namen des Herrn zu erheben."[3]) Ein Gedanke, der später in bekannter Weise bei den westlichen jüdischen Gelehrten unter dem Namen „Mission Israels" einen Widerhall fand.

Aber es ist damit nicht genug: die Heiligkeit aus der Unreinheit emporzuheben, es gilt, das Böse selber zu verbessern. Es gilt, die „unreinen Funken zu erheben, sodaß sie in die Heiligkeit eingehen können", ja es gilt auch „die Heiligkeit selber zu vervollkommnen und zu vollenden." Und dies ermöglichen „Seelenwanderung" und „Seelenschwängerung": die Seele kehrt bis viermal wieder, um das Schlimme, das sie ehemals begangen, wieder einzurichten. Und es kann sein, daß der Mensch „von drei Seelen durchdrungen ist" nach dem „Geheimnis der Seelenschwängerung", daß dem Menschen geholfen werde, daß er sich vervollkomme und die Heiligkeit in ihm vollende, und dann ist „die erste Seele wie eine Art Kleid und Leib für die anderen" und alle drei zusammen helfen einander in ihrem Aufstieg.[4])

---

[1]) dass. „Noach", „Lech-lecha", „Wajeschew", „Bechukotai".
[2]) Tractat Sabbat, fol. 146.
[3]) Megalleh Amukot, ebdas.
[4]) Meg. Am. zum Pentateuch: „Nassa", „Pinchas", vgl. „Sefer ha Gilgulim."

Und wenn R. Nathan den Gang der Geschichte Israels betrachtet, findet er sie als eine Welt von Seelenwanderungen. Es waren einst Seelen in der urältesten Zeit und diese Seelen kommen wieder und werden in der Zukunft wiederkommen. „Die empfindende Seele (Nefesch) des „ersten Menschen" kehrte wieder in Abraham, die denkende (Ruach) in Isaak und die höhere Seele (Neschamah) in Jakob. Die Seele Evas kam wieder in Sarah und später in Rebekka, die Seele Abels in Set und später in Mose, die Seele Ahrons in Esra, dem Schriftgelehrten. Die Seele des Pinchas kehrte wieder in Elia und später in R. Akiba. Die Seelen derer, die in Sichem durch Simon und Levi getötet wurden, kehrten in jenen wieder, welche in der Wüste an der Seuche starben, und später in den Schülern des R. Akiba,[1]) die Seele des Kosbi bat-Zur in der Frau des bösen Tinneius Rufus.[2]) Antoninus war die Verwandlung des Esau und Rabbi die des Jakob. Das Geschlecht der Auflehnung kam wieder in den Männern von Sodom, dann in denen des Korach, später in denen Sancheribs, welcher „der Gog und Magog der Zukunft" ist.[3])

Die lurianische Kabbalah in der Begründung des R. Nathan Schapira beeinflußte sehr das geistige Leben Israels in Polen und auch die großen Kabbalisten in Polen wendeten sich ihr zu.[4])

In dieser Atmosphäre der lurianischen Kabbalah lebte und wirkte auch der echt lurianische Kabbalist R. Simson, Sohn des R. Pessach aus Ostropoli, ein leiblicher Verwandter des berühmten Gaons R. Josua ben R. Josef, Verfassers des Buches „Megine Sch'lomoh" und der Responsen „P'ne Jehoschua", Ober-Rabbiners in Krakau.[5])

Er erzählt von sich selbst: „Seit meiner Jugend lernte und studierte ich unaufhörlich die erhabene Weisheit der heiligen und lauteren Kabbalah aus dem Quell der Kabbalisten, ihren König an der Spitze, den R. Simon ben Jochai gesegneten Angedenkens, im Buche Sohar und dessen Ergänzungen.[6]) Und er hatte einen

---

[1]) Tractat Nedarim, 50.
[2]) Tractat Awodah Sarah, 20.
[3]) „Megalleh Amukot" zum Pentateuch: „Tol'dot", „Wajeze", „Pinchas", „Waetchanan, 17, 48.
[6]) Likkute Schoschanim (34 S. 1, 37 S. 1) des R. Simson von Ostropoli am Ende des „Sefer Karnajim." Poritzk 1814.
[5]) das. 34 S. 1.
[6]) In seiner Einl. in den Komm. „Don jadin" zum Buche „Karnajim" des R. Ahron Cardina.

Lehrer und Wegweiser in der Kabbalah, den er nur mit Ehrfurcht nennt als „meinen heiligen Lehrer."[1])

Viele Bücher hat R. Simson geschrieben, über alle Zweige der Kabbalah, von denen aber nur wenige gedruckt wurden.[2]) Das Wenige, das wir haben, trägt das Siegel der lurianischen Kabbalah. Er benützt immer wieder die Worte des „Ari" und versieht sie mit Deutungen und Erläuterungen. Und manchmal vergleicht er sie mit den Worten der ältesten Großen Israels und schreibt dann voll Ergriffenheit: „Wunderbar, wie alle Worte des „Ari", des Gottesmannes, angedeutet sind in den Worten des Rabbenu Bachjah (ibn Pakuda.")[3] Er hat sich alle Methoden des „Ari" zu eigen gemacht, verwendet wie dieser Gematria, Verbindung von Anfangsbuchstaben, Notarikon.

Und so wurde er berühmt als besonders kundig darin, die Geheimnisse des „Ari" zu erklären und zu enthüllen und von allen Seiten wandte man sich an ihn mit darauf bezüglichen Fragen, er aber war durchaus nicht nachgiebig in seinen Beantwortungen. Nicht allen Fragenden, wären es selbst „Große in Israel" wollte er die Geheimnisse des „Ari" enthüllen. „Es haben mich schon" — so erzählt er selbst — „Große in Israel aufgefordert, ihnen die Worte des „Ari", gesegneten Angedenkens, zu erklären, ich habe ihnen aber nichts mitgeteilt."[4]) Nicht nur in Fragen der lurianischen Kabbalah wandte man sich an ihn, er war Autorität in allen Zweigen der Kabbalah und in den verschiedensten die Kabbalah betreffenden Fragen wandte man sich an ihn. Sogar der Gaon R. Josua aus Krakau, der sein Verwandter wer, richtete an ihn eine Frage betreffs e i n e r Stelle des „Midrasch ha- Ne'elam" im Sohar. „Wieviele heilige Männer", antwortete ihm R. Simson, „haben mich aufgefordert, ihnen diese Stelle richtig zu erklären." In Bezug auf diese Stelle, von der ein berühmter Kabbalist wie R. Nathan Schapira schrieb: „Sie ist verborgen und verschlossen bis zur Ankunft des Lehrers der Wahrheit (Messias)", richteten damals die Weisen Israels ihre Blicke auf R. Simson aus Ostropoli, daß er ihnen „das Verborgene und Verschlossene" enthülle, er aber nach seiner Gewohnheit antwortete ihnen garnicht — nur als sein Verwandter an ihn

---

[1]) Don jadin 13 S. 1. „Megillat Starim" ist gedruckt am Schlusse des Buches „Chessed l'Abraham" des R. Abr. Asulai. Lemberg 1868.
[2]) Handschriftlich: Machaneh Dan., Comm. zum Sohar. Ben Manoach, Comm. zu den „Idrot", „Nesir Elohim", „Schemesch Umagen", „Schemesch Nogah", Comm. zu Scha'are Orah, Wajisrach Schemesch (erwähnt in Don jadin und „Likute Schoschanim).
[3]) Likkutim 6.
[4]) „Megillat Ssetarim".

schrieb, konnte er die Antwort nicht verweigern. „Aus Liebe zu dem Herrn" — so schreibt ihm R. Simson, „da er mein Fleisch und Blut ist und ich ihn immerdar liebe, kann ich es nicht versagen, die Worte und Angelegenheiten in besonderer Kürze zu erklären." Aber auch ihm erklärt er nur die Worte, nicht das Geheimnis, denn „zu gering ist die Frömmigkeit, sein Geheimnis zu umfassen." [1]) Die Geheimnisse der Kabbalah waren in seinen Augen so sehr heilig und furchtbar, daß er vor ihrer Enthüllung Furcht hatte, einfach wegen Gefahr des Lebens. „Es gibt in dieser Sache" — so schreibt er einmal — „geheimnisvolle Dinge, die man wegen Gefahr der Seele nicht enthüllen darf." [2]) Ebenso schreibt er ein anderes Mal: „Es gibt hierin Geheimnisvolles, das ich zu berühren fürchte, wegen Lebensgefahr." Mehrere Male beschließt er kabbalistische Mitteilungen mit den Worten: „Gott entsühne mich" oder „der Erbarmer gebe die Sühne,"[3]) als bereute er, was er aus der Kabbalah enthüllt hatte, und bäte Gott dafür um Vergebung. Er weiß, eine wie große Verantwortung auf die Kabbalisten gelegt ist durch die verschiedenen Benennungen und Namen, die sie geistigen Dingen geben, und er mahnt sie immer wieder, „die Dinge, Gott behüte, nicht nach ihrer wörtlichen Bedeutung zu verstehen". [4])

R. Simson war in die Geheimnisse der Kabbalah eingedrungen, nicht bloß auf Grund dessen, daß er sich in sie vertiefte, sondern auch auf Grund von Offenbarung im Traume, in nächtlichem Gesicht, zur Zeit, da sonst die Menschen im Schlafe liegen, und er wird von solcher „Offenbarung" ergriffen und findet sie als „wunderbaren, unsichtbaren Beweis."[5]) Er glaubt an die Wahrheit solcher Offenbarung wie an alle anderen Inhalte der Kabbalah. „Lerne alle diese Grundsätze verstehen, die ich geschrieben habe, präge sie in die Tafel deines Herzens und weiche nicht von ihnen!"[6]) „Betrachte die höheren Geheimnisse im „Machneh Dan", dort wirst du große Wunder sehen aus der Lehre unseres Gottes." „Betrachte die Geheimnisse der Geheimnisse im Buche „Mach'neh Dan", Wunderdinge wirst du dort sehen."[7]) Nachdem er das Geheimnis der Erlösung im Sinne des „Ari enthüllt hat, schreibt er: „Wer dieses wunderbare Ge-

---

[1]) Likkute Schoschanim 34 S. 1.
[2]) „Don jadin" 7 S. 2, 8 S. 2, 9 S. 1, 20 S. 2, 22 S. 1, „Megillat Ssetarim."
[3]) das. 9 S. 1, Likkutim 3, 4.
[4]) das. 9 S. 1, 7 S. 2.
[5]) Meg. Sset., s. Likk. Schosch. 38 S. 1.
[6]) Don Jadin 14 S. 2.
[7]) das. 16 S. 2.

heimnis an seiner richtigen Stelle auch nur einmal mit Andacht betrachtet, an jedem Vorabend des Pessachfestes, der wird zuverlässig jenes ganze Jahr bewahrt vor jedem Hindernis oder gewaltsamen Tode und jedem Zwange, er wird nicht der Herrschaft seiner Feinde unterliegen und alle seine Hasser werden vor ihm fallen und er wird, wohin er sich wenden möge, Gelingen und Einsicht finden, Amen Selah."[1])

Und gerade zu jener Zeit der Aufrüttelung und Hoffnung auf eine Ankunft des Messias, in jener Zeit, da das Volk sich bereitete, um das „Ende näherzubringen", da weiß R. Simson die Herzen zu entzünden und die Kraft und den Einfluß Israels sichtbar zu machen. Und wie gottgeliebt muß er sein, daß der Allheilige selber, „sofern man dies sagen darf, zur Stufe eines gewöhnlichen Priesters herabsteigt, um an eine Stelle der Unreinheit, voll von Götzen, sich zu begeben, nämlich in die Verbannung."[2]) Die Schechinah weilt mit dem Volke in der Verbannung. Sie leidet zusammen mit dem Volke und steigt, so weit so etwas gesagt werden kann, von ihrer Höhe für das Volk herab. R. Simson weiß zu zeigen, wie die Schechinah, soweit so etwas möglich ist, von den Wegen und Werken des Volkes abhängt. „Wenn Israel sich würdig verhält, dann steigt die heilige, reine Schechinah empor in den Kreis der Gestaltung, Schöpfung und Emanation. Und sie wird „die heilige Jungfrau" genannt, Rebekka, die Tochter Betuels, entsprechend dem geheimen Sinn des Satzes: „eine Jungfrau, die kein Mann erkannt." Wenn aber Israel, was Gott verhüte, nicht würdig ist, dann hat sie ein Mann in der diesseitigen Welt entweiht „ . . . und um eurer Freveltaten willen ward eure Mutter verstoßen."[3]) Und mehr noch als durch seine kabbalistische Lehre wirkte R. Simson auf das Volk durch seine Taten als Kabbalist. In ihm verkörperte sich die lurianische Kabbalah in all ihren Zügen: Er fastete und kasteite sich, richtete auf das Reich des Himmels seines Lebens Ziel und war völlig Gott ergeben. Das Volk blickte auf ihn als auf einen heiligen Gottesmann und erzählte von ihm Wunderdinge. R. Nathan aus Hannover, sein Zeitgenosse, schrieb über ihn in seinen aus dem Jahre 1648 datierten Erinnerungen: „Und es befand sich unter ihnen (den Märtyrern Polnas) ein weiser und einsichtiger Mann und göttlicher Kabbalist mit Namen R. Simson von Ostropoli. Zu diesem war Tag für Tag ein Botschaftsengel gekommen, der ihn in den Geheimnissen der Thorah belehrte und dieser Bote

---

[1]) Meg. Sset.
[2]) Llkk. Schosch. 34 S. 2.
[3]) „Don jadin" 20 S. 2.

verkündete ihm vor den Verfolgungen, daß man strenge Buße tun solle, damit das Verhängnis nicht eintrete. Und er predigte vielemale in der Synagoge und mahnte das Volk, Buße zu tun, damit die Drangsal nicht eintrete, und so taten sie in allen Gemeinden — doch vergeblich, denn das Verhängnis war bereits besiegelt. Und als die Feinde (die Kosaken) kamen und die Stadt belagerten, ging dieser Kabbalist mit dreihundert Männern, lauter großen Weisen, in die Synagoge, alle mit Sterbekleidern angetan, den „Tallis" über dem Haupte, und gaben sich einem tiefen Gebete hin, bis die Feinde in die Stadt drangen und sie alle dort in der Synagoge auf heiligem Boden erschlagen wurden."[1]) An diesen halb legendenhaften Dingen kann man schon den Einfluß erkennen, den R. Simson auf das Volk ausübte.

Die erwähnten drei berühmten Kabbalisten verbreiteten die messianisch-lurianische Kabbalah unter dem Volke in Polen. Und auch die Rabbinen begannen mit dem Strome zu gehen. Man hörte nicht mehr aus ihrem Munde jenen heftigen Protest gegen das Studium der Kabbalah, den wir früher bei ihnen kennen gelernt haben. Und irgend ein unbekannter Rabbiner, R. Jizchak ben R. Mordechai „verhängte über sich selbst vollständige Verbannung und wurde grausam gegen Weib und Kind", er reiste zu dem berühmten Kabbalisten R. Menachem Asarja aus Fano in Italien, um sich in der Kabbalah zu vervollkommnen. Und dieser setzte ihm zu, die Rabbinen Deutschlands zu beeinflussen, daß sie die Kabbalah ergreifen, „denn entsprechend der Tiefe ihrer Weisheit in Mischnah und Gemarah wird auch ihr Verlangen und ihr frommes Begehren stark sein, mit ganzem Herzen und ganzer Seele dem himmlischen Reiche sich in Andacht zuzuwenden.[2]) Damals ereignete es sich auch, daß ein jüdischer Arzt in Amsterdam über die Kabbalah spottete, was dem Rabbiner R. Joel Sirkis in Krakau (gest. 1641) bekannt wurde. Und dieser schrieb, daß der Arzt den allerschwersten Bann verdiene, denn „es gibt keinen Verächter in Dingen der Thorah, der einen größeren Bann verdiente." Denn „die Weisheit der Kabbalah ist Quelle und Wesen der Thorah und völlig nichts als Gottesfurcht."[3]) Wir hören den Rabbiner R. Scheftel Hurwitz aus Posen (gest. 1660) über

---

[1]) Jewen Mezullah. Vgl. R. Abr. Aschkenasi: Za'ar bat Rabbim. Krakau 1888.
[2]) R. Menachem Asarjah in der Einleitung zu seinem Buche: „Felach ha-Rimmon", Mantua 1623.
[3]) Resp. Bach § 4.

das Studium der Kabbalah ausrufen: „Heil dem Manne, der
dessen gewürdigt ist, die Schönheit des Herrn zu erschauen und
Sein Heiligtum zu betreten, das völlig Herrlichkeit spricht, denn
diese Weisheit läßt Liebe und Gottesfurcht in das Herz des
Menschen einziehen." Und er protestiert gegen jene, welche
sagen, daß man das Verborgene nicht brauche, denn „das Verborgene sei des Herrn und das Offenbare unser. Sicherlich sind
diese Leute nicht gleicher Art der Seele würdig wie jene, welche
die Geheimnisse der Thorah studieren, nicht einmal wer alle
Halachot, Midraschim und Agadot studiert."[1])
    Dahin gelangte die Begeisterung der Rabbiner Polens für
die Kabbalah im Beginne des 17. Jahrhunderts. Kein Wunder,
daß sie das ganze Volk ergriff, da es ihrer seinem materiellen
und geistigen Zustande nach so sehr bedurfte. Und so konnte
der lurianisch-kabbalistische Rabbiner R. Jacob Temerls, der die
öffentliche und die geheime Lehre in Israel verbreitete: in Lublin,
Kremenitz und zuletzt in Wien,[2]) mit offener Freude berichten,
daß in seinen Tagen „die Erde schon der Erkenntnis voll ist,
sodaß alle zu den Kennern der geheimen Wissenschaft gehören",
mit eigenen Augen sah er das Hindrängen „seiner Zeitgenossen
zur Kenntnis der verborgenen Weisheit, so sehr, daß alle, Volk
und Priester, Klein und Groß, sich darnach sehnten, in das
Geheimnis des Herrn einzudringen und es zu bezeugen."[3])
    Wirklich standen in Polen alle, „Volk, Priester, Klein und
Groß" unter dem Einflusse der Kabbalah, der praktischen,
messianistischen, besonders in der Gestalt, die sie durch den
„Ari" erhalten. Die Juden ergaben sich dem Fasten, den Tauch-
bädern und Gebeten, Andachtsübungen, peinlichen Geboten, der
Einsamkeit und Bußwerken, alles nach den Lehren des Ari. Und
wenn ehedem, in der ersten Hälfte des 16. Jahrhunderts, die
Jünger der Jeschibot sich manchmal auch mit philosophischen
Büchern beschäftigt hatten,[4]) so war jetzt, seit dem Erstarken der
lurianischen Kabbalah, keine Spur mehr von alledem. R. Josef
Salomo Rofe aus Kandia beklagte sich, als er in den Jahren
1620—1624 in Polen weilt, in seinen Briefen über den Haß
der Juden Polens gegen Bildung und Wissenschaft. „Siehe, die
Finsternis bedeckt das Land" —— so schreibt er, „ich kenne keinen

---

[1]) Wawej ha-Amudim, Kap. 5.
    [2]) Er verfaßte ein Buch im Sinne der Kabbalah des Ari: „Sifra
di Z'niuta d'Jakob", (Amsterdam 1669). S. auch „Kelilot Jofi", 2. Teil,
S. 117, Krakau 1893.
    [3]) In seiner „Haskamah" zum Buche „Or chadosch" des R. Chajim
Buchner, 1660.
    [4]) Responsen des R. Mose Isserls, § 6.

von den Söhnen meines Volkes, der auf dem Felde der Wissenschaft noch suchte und forschte."[1] Das Volk war damals der Vorbereitungen auf die Ankunft des Messias beflissen und hatte keine Zeit zur Philosophie. Das Volk glaubte, daß in Bälde der Erhoffte kommen werde und fand auch einen Beleg im Sohar, daß der Messias im Jahre 1648 kommen werde: „Im sechsten Jahrtausend, zur Zeit von vierhundertundacht Jahren", so prophezeit der Sohar, „werden alle Toten lebendig werden".[2] Diese Worte sind doch so klar und deutlich, wer sollte nicht an sie glauben, besonders von jenen — und wer gehörte damals nicht dazu — die der Kabbalah gläubig anhängen? Und wir hören die Kabbalisten ihren Glauben verkünden, daß im Jahre 1648 der Messias erscheinen werde, um Israel aus seinen Nöten zu erlösen. „Im Jahre 1648", so verkündete R. Naftali — „wird der Messias die Herrschaft ihm (dem Sultan) entziehen.[3] „Im Jahre 1648", verkündete ein anderer Kabbalist, „werden sich die Toten vom Staube erheben".[4] Auch der berühmte R. Sabbatai ha-Kohen, Verfasser des „Schach" (Siftej Kohen) erwartete seinerseits, daß dieses Jahr das Jahr des Messias sein werde.[5] Und der erwähnte R. Scheftel Hurwitz schreibt in der „Selichah", die er über die Märtyrer von 1648 verfaßt hat, die Worte: „Das zweihundertachte Jahr des sechsten Jahrtausends! und ich vermeinte schon in die Freiheit zu gehen".[6]

VI.

Das Jahr 1648, von welchem die Juden sehnsuchtsvoll Errettung und Erlösung erhofft haben, brachte namentlich den Juden in Polen große und schreckliche Unglücksfälle. Nach dem Tode des Polenkönigs Wladislaus in eben jenem Jahre zogen die Kosaken mit Bogdan Chmielnicki an der Spitze zum Kampfe gegen die Polen aus. Im Laufe dieser Wirren wurden viele Hunderttausende von Juden in Polen getötet und an dreihundert jüdische Gemeinden gänzlich zerstört und ausgerottet. R. A. Aschkenas, ein Zeitgenosse, schildert uns jene Zustände in folgenden Worten: „Die Wege der polnischen Bezirke sind trüb. Schweine und Hunde wühlten mit ihren Zähnen herum unter den ermordeten Juden und ihren Kindern und man konnte sie nicht

---

[1] Ejlim in der Einleitung zum M'ein Ganim.
[2] Sohar I. Teil, 139 S. 2.
[3] Emek ha-Melech 33. Amsterdam 1648.
[4] R. Mordechai Dato in seinem Buche: „Migdal David".
[5] Megillah Afah am Ende.
[6] Abgedruckt in: „L'Korot ha-Geserot" II. Teil von Gurland.

zu Grabe bringen. Sie zogen die Haut von ihnen, schwangeren
Frauen öffneten sie (die Mörder) den Leib und entrissen ihm die
Kinder, die jungen Kinder ergriffen sie bei den Füßen oder
Händen und zerrten sie am Boden herum, bis sie in Stücke
zerrissen wurden oder sonst ihre Seele aushauchten."[1]
Diese schrecklichen Drangsale, welche einige Jahre hindurch
die Juden Polens heimsuchten, vermochten doch nicht ihren
Glauben an die nahe Ankunft des Messias zu schwächen. Im
Gegenteil, sie wurden dadurch nur noch mehr in ihrem Glauben
gestärkt, sie betrachteten alle diese Unglücksfälle als „Geburts-
wehen des Messias", als Vorboten und Verkünder der „voll-
ständigen Erlösung". Und nicht allein die Juden, auch Christen,
bekannte christliche Mystiker, waren der Ansicht, daß der Messias
bald erscheinen werde; wenn sie die Grausamkeiten und das schreckliche Blutvergießen im dreißigjährigen Kriege und in den Kämpfen
der Kosaken betrachteten, da kamen sie wieder auf die Vision
des Daniel zurück über das „Ende der Tage" und die „tausend
Jahre", das ist das fünfte heilige Reich, — da würden die Kinder
Israels zu ihrem Boden, zum Lande ihrer Väter zurückkehren.
Es genügt für uns, wenn wir folgende bekannte Christen zitieren:
Johannes Mochinger, Abraham von Frankenberg, ein Jünger
Jakob Böhme's, Heinrich Jesse, Petrus Serrarius, der Hugenotte
Isaak lá Peyrére, Paulus Felgenhauer. Alle diese schrieben
Bücher und verkündeten das nahe „Ende der Tage" und das
baldige Heil Israels. Sie wurden hierzu besonders dadurch ver-
anlaßt, daß die puritanische englische Regierung, an ihrer Spitze
Oliver Cromwell, den Bemühungen des R. Menasse ben Israel
(1604—1657) entsprach und den Juden (1655) die Rückkehr
nach England gestattete, 365 Jahre nachdem sie auf den Befehl
des Königs Eduard I. (1290) aus England vertrieben worden waren,
und die genannten Christen sahen darin ein Zeichen für den Beginn
der „Erlösung". Heinrich Jesse schrieb damals eine Broschüre
unter dem Titel: „Von dem baldigen Ruhm Judas und Israels".
Paulus Felgenhauer gab ein Buch heraus, dessen voller Titel
lautete: „Frohe Botschaft für Israel vom Messias, daß nämlich
die Erlösung Israels von allen seinen Nöten, seine Befreiung aus
der Gefangenschaft und die ruhmreiche Ankunft des Messias nahe
sei zum Troste für Israel, aus den heiligen Schriften, alten und
neuen Testaments, von einem Christen, welcher ihn mit den
Juden erwartet".[2] Manasse b. Israel, dem dieses Buch gewidmet

---

[1] Zaar bath Rabim 12, vgl. S. P. Rabbinowitsch: Dibre jemé
Jisrael VIII, S. 133—147.
[2] Bonum nuntium Israeli etc., Amsterdam 1655.

war, bekam solche Botschaft auch von Frankenberg, Mochinger und vielen Engländern.[1]

Eine derartig mächtige Anregung der Messiasidee und der Glaube an seine baldige Ankunft übte gewiß auf die aufrichtigen, vom Unglück mehr niedergebeugten Juden in Polen einen größeren Einfluß aus als auf die anderen Juden der Zerstreuung. Nicht allein jeden Tag, sondern jede Stunde erwarteten die unglücklichen Juden in Polen die Ankunft des Messias. Da wurde bald seine Stimme aus den Ländern des Ostens hörbar. Es war die des Sabbatai Zewi (1626—1676). Dieser Wundermann warf sich zum Messias auf, indem er sich auf die Kabbalah des Luria stützte, mit allen ihren Plagen und Kasteiungen, die sie enthält, und es gelang ihm, die großen Massen Israels in allen Ländern der Zerstreuung für sich zu gewinnen. Er wußte bei ihnen aufrichtigen Glauben zu erwecken. Von allen Seiten strömten Juden, Rabbinen, Kabbalisten und alle Volksschichten zu ihm, um seine Worte zu hören. Die Juden aller Länder und auch die in Polen glaubten daran, daß er „der wirkliche Erlöser sei und daß sein Reich bald offenbar werde." Die Botschaft vom Erscheinen des Messias in der Türkei versetzte sowohl das Volk wie auch die Gelehrten in Polen in Aufregung, da sie alle sehnsuchtsvoll die Erlösung erwarteten. Und zu jener Zeit trat auch ein Prophet in Polen auf mit Namen Nehemia Kohen, der vieles über den messianischen König zu prophezeien verstand. Das veranlaßte die Juden in Polen an Sabbatei Zewi spezielle Boten im Namen eines der ältesten und größten Rabbinen, des R. Dawid Halevi aus Lemberg zu entsenden, und Sabbatai Zewi schickte wieder aus seinem damaligen Aufenthaltsorte in der Nähe von Konstantinopel durch diese Boten einen Brief an den genannten Rabbiner mit der Botschaft der baldigen Erlösung.[2] Als diese Boten zurückkamen, erzählten sie vieles von der Größe und Herrlichkeit des Messias und befestigten so noch mehr bei allen Juden in Polen den Glauben, daß Sabbatai Zewi der wahre, erhoffte Messias sei.

Es dauerte nicht lange, daß die Hoffnung der Juden zerstört wurde: Sabbatai Zewi trat zum Mohammedanismus über. Obwohl aber diese Nachricht die Juden niederschmetterte, wurzelte bei manchen von ihnen der Glaube an seine messianische Sendung so tief, daß sie ihm selbst. nach diesem Uebertritt treu blieben. Man begann in der Kabbalah Andeutungen dafür aufzusuchen und zu erklären, daß er für einige Zeit zu diesem

---

[1]) Grätz: Geschichte der Juden X, Kap. 4.
[2]) J. Sasportas, Zizith Nobel Zewi S. 41—42, Odessa 1867.

Schritte gezwungen war. Wie es mit dem König David geschah, als er beim König von Gath sich aufhielt[1]) und wie unser Lehrer Mose 40 Jahre im Lande Aethiopien König war,[2]) ebenso müßte der Messias auch ein Ismaelite werden, bevor es ihm gelingen sollte, die Juden zu erlösen. Und so heißt es im Perek des Rabbi Elieser, daß der Messias unter den Ismaeliten verschlungen sein werde.[3]) Selbst der Tod des Messias vermochte den Glauben an seine Sendung nicht ganz zu verwischen, so tief wurzelte die Sehnsucht nach dem Messias, so heftig war der Wunsch nach Erlösung im ganzen Volke. Nach dem Tode des Sabbatai Zewi änderte die messianische Bewegung bloß die Form. Sie legte ihre politische Farbe ab, wurde mystisch-symbolisch und verkündete, daß der verstorbene Messias bald wieder auferstehen werde, daß man durch verschiedene mystische Mittel ihn bald zum Leben bringen könne. An der Spitze dieser Bewegung stand Mordechai Eisenstadt. Dieser Mann gehörte zu den gläubigsten Anhängern des Sabbatai Zewi, dem er auch noch nach dem Tode denselben festen Glauben bewahrte. Er war ein stattlicher Mann, dessen der ganzen Umgebung Furcht einflößte, denn er ließ niemand in seine Nähe kommen, indem er sich den Anschein eines Heiligen gab. Er hielt viele Fasttage ab, sehr oft fastete er elf Tage nacheinander.[4]) Er predigte dem Volke Moral und Demut und regte es zur Buße an. So suchte er Glauben an seine Heiligkeit zu erwecken. Als er merkte, das es ihm gelang, verstieg er sich zu der Behauptung, daß er selbst ein Prophet und Sabbatai Zewi der wahre Messias sei. Dieser war bloß durch ein geheimes Geschick gezwungen, zum Islam überzutreten, allein in Wirklichkeit sei er gar nicht gestorben. Er beginne sich wieder zu zeigen, und bald werde er kommen, um die Erlösung zu bringen.[5]) Manchmal gab sich Mordechai Eisenstadt selbst als Messias aus. Er selber sei der vom Grabe auferstandene Sabbatai Zewi. Er wußte bei vielen Anklang zu finden und die Juden Italiens zogen ihn an sich heran, und nannten ihn Messias. In Italien sagte er, er müsse notwendig nach Rom gehen, um manche Anordnungen zu treffen. Und dort müsse er, der Messias, auch ebenso sein Gewand wechseln, wie es Sabbatai Zewi seinerzeit getan, er müsse ebenso das Gewand

[1]) I. Samuel 27, 3.
[2]) Sepher hajaschar.
[3]) J. Sasportas a. a. O. 32 b. Jakob Emden: Thorath ha Kenaoth, S. 19.
[4]) Tobias ha Rophé (lebte zu Beginn des XVIII. Jahrhunderts): Maasse Tobiah S. 14
[5]) Vgl. Grätz X. S. 303 und Note 4, vgl. auch D. Kahane: Eben ha-Tohim Absch. 19

Esaus anlegen, wie jener das Gewand Ismaels angelegt hätte.
Da merkte man nun, daß er zum Christentum übertreten wolle.
Viele bedauerten jetzt ihre Leichtgläubigkeit, aber ein großer Teil
blieb ihm auch weiterhin treu.

Infolge der Schrecken der Inquisition verließ er indes Italien
und kam nach Polen, wo er viele treue Anhänger fand, die ihm
selbst über seinen Tod hinaus ihre Treue bewahrten.[1]

VII.

Die Lage der Juden in Polen verschlimmerte sich mit jedem
Tage. Wohl bestrebten sich die polnischen Könige jener Zeit:
Johann Kasimir, Michael Wisniowiecki, Jan Sobieski, während
ihrer Regierungszeit (1660—1697) den Juden irgendwelchen
Schutz zu gewähren, allein ihre Bemühungen waren ohne Erfolg.
Es waren bereits mehr als hundert Jahre seit Stephan Bathory
verstrichen. Die Jesuiten vermochten inzwischen alle jene Generationen zu beherrschen, weil sie die Erziehung in ihren Händen
hatten, und es gelang ihnen selbst unter den polnischen Adeligen
fanatische Eiferer heranzubilden, welche alle Andersgläubigen,
ganz besonders die Juden, mit rücksichtsloser Härte verfolgten.
Man raubte den Juden jeden Anspruch auf Recht und Gerechtigkeit. Es häuften sich die Blutbeschuldigungen sowie die der
Verlästerung des heiligen katholischen Glaubens in einem weit
stärkeren Maße als bis dahin. Im Jahre 1670 beschuldigte man
die Juden, daß sie im Städtchen Mlawa Hostien gestohlen
und durchstochen hätten, so daß dann Blut davon geflossen
war. Das war Grund genug, um über alle Juden jenes
Ortes ein furchtbares Verhängnis heraufzubeschwören. Aber
nicht nur in den kleineren Städten kamen solche wüste
Verfolgungen vor, auch in den großen Städten ereigneten sie
sich immer häufiger. Die Scholaren, die Schüler der Jesuiten
und die Handwerker machten Ueberfälle auf die Juden, und
gewöhnlich kam es dann zu argem Blutvergießen und zur
Plünderung des jüdischen Viertels. Die „Gemeinde-Akten" von
Posen verzeichnen folgendes Ereignis in jener Stadt vom 5. Kislew
des Jahres 5448 (1688): „Ich will erwähnen der ausgezeichneten
Wunder, die uns Gott der Herr erwiesen hat . . . Es war ein
großer Lärm in unseren Straßen, als Hunderte von Scholaren
gekommen waren, welche durch den Anschluß von Vagabunden
und Handwerkern zu Tausenden anwuchsen. All dies geschah
mit Wissen des bös gesinnten Magistrates. Sie beabsichtigten

---

[1] Maasse Tobia a. a. O., Grätz a. a. O.

alle Juden an Leib und Vermögen zu vernichten, so daß die
Juden sich zur verzweifelten Gegenwehr aufrafften. Eine bis
damals unerhörte Tatsache, daß sich die Juden ihren Feinden
entgegenstellten. Und Gott der Herr gab uns in seiner Barmherzigkeit Kraft, drei Tage und drei Nächte im Kampfe auszu-
halten und die bewaffneten Massen, so oft sie in unsere Straßen
kamen, siegreich zurückzuschlagen."[1]) Die Juden brachten den
Priestern des Ortes stabile Abgaben, um von ihnen Ruhe zu
haben. In Posen, Lemberg, Krakau und Wilna machten die
Juden sowohl den Ortsgeistlichen wie auch dem Jesuiten-Kloster
Geschenke, damit diese die aufgereizte Menge und die Scholaren
von ihrer Verfolgungswut gegen die Juden abhielten. Und in
diesen Städten ist diese Abgabe zur Pflicht erhoben worden und
bildete eine dauernde Einnahmsquelle für die katholische Gemeinde.[2]) Angesichts solcher Umstände darf es nicht wunder
nehmen, daß der Jude vogelfrei, also in steter Lebensgefahr war.
Die Judenmorde wurden derart alltäglich, daß die große jüdische
Gemeinde in Lublin es für geboten fand, im Jahre 1685 speziell
einen Beamten damit zu betrauen, daß er die getöteten Juden
zusammensuche. Im „Pinkas" der „Chewra Kadischa" von jenem
Jahre findet man notiert: „45 Gulden für den Diener Wolf, damit
er herumsuche, ob nicht behüte Gott, irgendwo Juden getötet
wurden."[3])

Auch die geistige Lage der Juden war nicht viel besser.
Es entstand eine schreckliche Verwirrung in ihren Köpfen: Die
lurianische Kabbalah, die Plagen und Kasteiungen, die Sehnsucht
nach dem Messias, der Glaube an Sabbatai Zewi und Mordechai
Aschkenasi! Allerhand Aberglaube nistete sich in allen Klassen
ein, bei den Gebildeten wie beim Pöbel. „Alle glaubten an
Beschwörungen durch Amulette, an Namensanrufung und an
Träume."[4]) Jeder, der sich rühmte, mit Hilfe von Beschwörungen
im Namen Gottes Wunder zu verrichten, wurde „Baal Schem"
genannt und fand viele Anhänger die ihm Glauben schenkten
und ihn in verschiedenen Dingen um Rat fragten, wie man nur
Gottes Rat erfragt. Man nahm von ihm Arzneien an, Mittel,
Amulette und Zaubersprüche. Es gab damals viele solcher
Wundermänner (Baale-Schem.) So erzählt man von einem R. Joel
Baal-Schem aus Zamosc, daß er während der Verfolgungen durch

---

[1]) siehe Perles a. a. O., S. 57.
[2]) siehe S. P. Rabbinowitz: Dibre jemé Israel VI, S. 419—422.
[3]) S. P. Nissenbaum: Lekoroth ha Jehudim b'Lublin, Seite 14,
Lublin 1899.
[4]) Tobia ha-Rophé: Maasse Tobia S. 86, Jeßnitz 1721.

die Kosaken im Jahre 1648 sich mit einer Anzahl von Anhängern
auf einem kleinen Schiffe flüchtete, und als er merkte, daß ihm
die Kosaken auf ihren guten Schiffen nacheilen und sie beinahe
bald erreichen, da hängte er ein Täfelchen mit verschiedenen
Abbildungen und Kombinationen aus, welches den Lauf seines
Schiffes derart beschleunigte, daß es der Verfolgung der Kosaken
entwich.[1]) In Posen soll dieser R. Joel auch einmal böse Geister
vertrieben haben. Es hatten sich dort nämlich „böse Geister
niedergelassen" und die dortigen Einwohner stark beunruhigt,
so daß sie R. Joel um Hilfe angingen. R. Joel bewirkte durch
seine Beschwörungen, „daß die bösen Geister in die Wälder und
Wüsten auswandern mußten."[2]) R. Eliahu Baal-Schem, Rabbiner
in Chelm schuf einen Golem (einen automatischen Menschen)
mit Hilfe von Namensverbindungen und Beschwörungsformeln.
Dieser Umstand, daß es einem Kabbalisten möglich sei, durch
Anwendung von heiligen Namen einen Menschen zu schaffen,
ist von allen als so klar und selbstverständlich aufgenommen
worden, daß sie ernstlich erwogen haben, ob man einen solchen
Automaten zum Minjan, d. h. zur notwendigen Zehnzahl von
Betenden hinzurechnen dürfe.[3])

Der Einfluß der lurianischen Kabbalah war bei den Juden
in Polen sehr groß und mächtig. Alle, sowohl die Orthodoxen
wie auch die Anhänger des Sabbatai Zewi, glaubten an sie. „Es
ist eine von allen bestätigte Tatsache, daß R. Luria ein göttlicher
Mensch war."[4]) Die lurianische Kabbalah eroberte sich so sehr
die Herzen aller Juden in Polen, daß die Rabbinen und Chassidim
von Krakau den in Italien weilenden Kabbalisten R. Mose Zacuto
angingen, er möge ihnen zeigen, wie man eine Thora nach den
Vorschriften der Kabbalah schreiben könnte, ein bis damals nie
dagewesener Fall. R. Mose erwiderte ihnen in einem längeren
Briefe im Jahre 1678 und erklärte ihnen nach der lurianischen
Kabbalah die Schreibordnung der Namen und die Heiligung der
Feder.[5]) Die Moralbücher jener Zeit, welche die Volkslektüre
bilden sollten, enthalten größtenteils Erzählungen aus den ge-
druckten und handschriftlichen Werken des R. Luria und seines

[1]) Toldoth Adam, Kobez Segulloth u-Lechaschim schonoth.
Zolkiew 1729.
[2]) H. Kaidanover: Kab ha-Jaschar, Abschn. 69.
[3]) Chacham Zewi: Responsen § 93, vergl. Schem ha-Gedolim
hechadasch, Maarechet Sepharim Buchstabe m, Warschau 1882.
[4]) Jakob Emden (zu Beginn des XVIII. Jahrhunderts), Thorath ha-
Kenaoth 1381.
[5]) Lechem ha-Panim S. 70, vgl .D. Kahane: Eben aphel Abschn. 5
im Haschachar. Wien 1874.

Schülers R. Chaim Vital. Diese hebräisch und im Jargon ge-
schriebene Volksliteratur erzählt uns von Askese und Abtötung
jedes Lebensgefühls, also von den Grundelementen der Lurianischen Kabbalah. Wenn ein Jude oder eine Jüdin in freier Zeit
oder an Sonnabenden in diesen Moralbüchern las oder eine
Predigt von den sogenannten „Maggidim" anhörte, so bekam er,
der Mann aus dem Volke, der ein kummervolles Dasein führte
und im Diesseits Höllenpein litt, folgende Moral zu hören:
„Menschensohn, wenn du wüßtest, wie viele Gespenster aus
dem „Teufelsreiche" nur auf ein Quintchen Blut vom Menschen-
herzen lauern, dann würdest du dich sicherlich mit Leib und
Seele dem Schöpfer, gelobt sei Er, unterordnen."[1] „Wisset,
daß die ganze Luft und alle Hohlräume der Welt mit verstoßenen
Geistern angefüllt sind, welche noch nicht zu ihrer Ruhe gelangen können."[2] Die Hölle ist ein großer Raum, der Hunderttausende umfaßt, und je größer die Zahl der Frevler wird, desto
größer und ausgedehnter wird sie. Es gibt dort auch verschiedene Arten von Scheiterhaufen, von welchen der eine stärker
ist als der andere. Dort werden alle je nach ihren strafbaren
Handlungen gerichtet — das Feuer ist dort sechzigmal stärker
als unser Feuer. Dort sind die Kohlen so groß wie die Berge
und die Hügel. In der Höhe sind Ströme von Schwefel und
Pech, die dem Abgrunde entströmen. Dort gibt es verschiedene
häßliche Dämonen und böse Geister, welche den Menschen
strafen, und alle diese erschafft der Mensch durch seine bösen
Taten nach dem Ausspruch unserer Weisen: „Wer eine Sünde
begeht, bewirkt für sich einen Ankläger", abgesehen von den
speziell berufenen Teufeln, die zur Bestrafung des Menschen seit
der Entstehung der Hölle da sind. Diese bearbeiten den Körper
mit verschiedenen Plagen. Den einen hängt man auf und würgt
ihn, den andern würgt man solange, bis man ihn wieder tötet,
dann beginnt der Prozeß von vorne, manchen sticht man die
Augen aus, manche hängt man an den Haarspitzen auf — je
nach den Sünden, die jemand begangen hat."[3] „Wehe dem, der
sich nicht dessen bewußt ist, daß er Staub ist und wieder in
Staub sich verwandelt! Wehe, wer nicht glaubt an die Schrecken
des Todesengels! Wehe, wer nicht glaubt an ein Verlassen der
Seele! Wehe, wer nicht glaubt an den Kummer bei der Bestrafung im Jenseits! Wehe, wer nicht glaubt an den Kummer
der Würmer und der kleinsten Geschöpfe! Wehe, wer nicht

[1] H. Kaidenover: Kab hajáschar Abschn. 1.
[2] ibidem.
[3] Elia Measmir: Schebet Mussar Abschn. 26.

des Gerichtstages gewärtig ist! Wehe, wer an das Gericht der
Hölle nicht denkt! Wehe, wer nicht glaubt an grausame Todesarten und an Seelenwandlungen!"[1])

„Wie kann man sich jetzt noch großen Reichtums rühmen,
seiner Habe freuen, Lust zu Spaziergängen in Prachtgärten ver-
spüren, wie kann man überhaupt froh und heiter sein, wenn
über all das wieder Kummer, Sorge, Trauer, Hindernis und
Störung kommt."[2])

Die ganze jüdisch-polnische Atmosphäre zu Ende des XVII.
Jahrhunderts war angefüllt mit Kummer und Trauer, Buße und
Kasteiungen. In dieser asketischen Atmosphäre finden wir drei
Strömungen, welche alle ein und dasselbe Ziel anstreben: das
„Ende" zu beschleunigen und die Ankunft des Messias zu be-
wirken. Es waren dies: die mystisch-jüdische Askese nach den
Grundelementen des R. Luria, die mystisch-mohammedanische
nach den Grundlagen des Sabbatai Zewi[3]) und die mystisch-
christliche nach den Grundlagen des Mordechai Aschkenasi.[4])
Mitten in dieser Verwirrung erstand die „Vereinigung der Chas-
sidim", anfangs bloß in Polen, breitete aber dann mit seltsamer
Schnelligkeit ihr Netz auch über all jene vielen Länder, in denen
Juden wohnten, und verursachte in dieser Zeit großen Aufruhr
in der jüdischen Welt.

VIII.

Am Ausgange des XVII. Jahrhunderts also vereinigten sich in
Polen viele Juden von verschiedenen Strömungen unter dem
Namen „Vereinigung von Chassidim", welche sich durch Fasttage
und Kasteiungen abquälten, viele rituelle Bäder nahmen, unter
Weinen und in voller Andacht bei Kombinierungen von heiligen
Namen Gebete verrichteten, dem Volke Moral predigten, es zur
Buße und guten Taten anhielten und ihm die nahe Erlösung
verkündeten. Die Juden in Polen erwiesen ihnen alle Ehren und
betrachteten sie als Heilige.[5])

An der Spitze dieser Sekte stand R. Jehuda Chassid, ein
Mann in den Vierzigerjahren und Vertreter der praktischen Kabbalah. Er war ein aufrichtiger Mann und von seinen Taten
vollkommen überzeugt. Er war dessen sicher, daß der Messias
kommen werde, wenn das Volk durch Kasteiungen, Gebet und

---

[1]) a. a. O., Abschn. 84.
[2]) a. a. O., Abschn. 83.
[3]) vgl. oben, Abschn. 5.
[4]) ibidem. (Zittat nach S. Dubnow a. a. O.)
[5]) Jakob Emden, Thorath ha-Kenaoth S. 26.

Weinen, Buße tue. Aus der Tiefe seines gefühlvollen Herzens kamen die Moralpredigten, die er zuweilen dem Volke hielt und verfehlten auch nicht auf die Zuhörer den nötigen Einfluß auszuüben. Dann Chaim Mal'ach,[1]) ein Gelehrter und Kabbalist. Er hielt sich lange Zeit in Polen auf, wo er zu seinen Schülern auch Rabbinen zählte. Nachher lebte er in der Türkei, trat dort in nähere Verbindung mit den Mitgliedern der Sekte des Sabbatai Zewi, welche in Saloniki zur Hälfte Mohammedaner waren, und kehrte dann nach Polen zurück, wo er die sabbatianische Lehre verbreitete und versicherte, daß Sabbatai Zewi im Jahre 1706, also vierzig Jahre nach seinem Uebertritt, wieder erscheinen werde, ebenso wie Mose die Juden in das Land Kanaan gebracht hatte, nachdem sie vierzig Jahre in der Wüste herumgeirrt waren. Viele Juden in Polen ließen sich von seinen Predigten hinreißen und von seiner Lehre beeinflussen.

Es scheint, daß Chaim Mal'ach im Laufe der Zeit seine Predigten über den Glauben an Sabbatai Zewi aufgegeben hat, da sonst ein so aufrichtig frommer Mann wie R. Jehuda Chassid sich ihm nicht angeschlossen hätte. Auch der Anschluß an die „Vereinigung der Chassidim" nötigte Chaim Mal'ach und seine Anhänger, ihre Ansichten und ihren Glauben zu verheimlichen. Allein es dauerte nicht lange, da wurde die Vergangenheit des Chaim Mal'ach bekannt, und seinetwegen wurde dann die ganze Sekte von den Rabbinen verfolgt. Der aufrichtige Jehuda Chassid beachtete nicht die Gegnerschaft der Rabbinen gegenüber Chaim Mal'ach, er glaubte auch nicht daran, daß dieser ein Sabbatianer sei, und gesellte sich weiter zu ihm. Da nun die „Chassidim" einerseits von den Rabbinen zu leiden hatten, andererseits aber große Sehnsucht nach Palästina empfanden, ebenso wie alle anderen mystischen Sekten, die dort im Lande der Väter ihren Wünschen gemäß sich heimisch fühlten — da verließen im Jahre 1699 einunddreißig Familien dieser Sekte Polen und gingen in der Anzahl von 120 Seelen nach Palästina, um dem Messias zuvorzukommen. An ihrer Spitze standen R. Jehuda Chassid und Chaim Mal'ach. Diese kleine Gesellschaft nahm ihren Weg über Mähren, wo sie Rast hielten und noch andere Zuzügler erwarteten, um zusammen nach Palästina gehen zu können. In der Tat kamen noch sehr viele „Chassidim" aus den verschiedenen Städten und Ländern hinzu, so daß ihre Zahl dann auf 1500

---

[1]) Wie es scheint, gaben ihm seine Anhänger die Bezeichnung „Mal'ach" (Engel), ebenso wie später die Anhänger des Bescht einen R. Abraham Mal'ach hatten. Vgl. S. A. Horodezky: „R. Abraham ha-Mal'ach" im „Hagoren", VI. Th.

Seelen, darunter auch Frauen und Kinder, gestiegen war.[1]) Unter
den Hinzugekommenen befanden sich auch Rabbinen und sonstige
Männer von Ruf.

Das Haupt der Gesellschaft, R. Jehuda Chassid, bereiste mit
noch drei anderen Männern die umliegenden Städte, um Geld
für ihre Leute zu sammeln, und sie wurden überall von den
Juden mit großer Ehre empfangen. In jeder Stadt verkündete er
die nahe bevorstehende Erlösung, indem er in den Bethäusern
„unter großer Erregung und heftigem Weinen" predigte. Er
begab sich, eine Thorah in der Hand tragend, auch in die Ab-
teilung der Frauen, „um dort den Frauen Moral zu predigen."
Die Volksmassen, „Männer und Frauen schlossen sich ihm an
und hielten ihn für einen göttlichen Mann".[2])

J. J. Schudt aus Frankfurt, ein Zeitgenosse des R. Jehuda
Chassid, schildert ihn und die drei Leute seines Gefolges, als
sie in Frankfurt waren, in folgenden Worten:

„ . . . gingen täglich ins kalte Bad, lagen in keinen Betten,
schliefen die Nacht nur eine biß zwey Stunden und brachten die
übrige Zeit in Lesung des Talmuds zu; Ihr Essen war die ganze
Woche über, wann wie gedacht die Sterne am Himmel stunden,
nichts als Baumöl und Brod, maßen sie außer dem Sabbat und
anderen Feyertägen kein Fleisch noch anderes von lebendigen
Thieren kommendes essen wollten, dahero die Juden sie Chasidim
oder Frommen genennt; Ihr Kleidung war ungewöhnlich, die
Kappen aber seltsam gemacht, auf der Reise trugen sie lange
schwartze Röcken, wann sie aber bey den Juden waren, oder in
die Schul gingen, hatten die Vornehmste unter ihnen namentlich
Rabbi Juda Chasid ein weiß Atlas und die 3 andere weiße Sarge
Kleider".[3]) Dann erzählt er noch über die Juden in Frankfurt
in ihrem Verhältnis dazu: „die Juden konten nicht genug rühmen,
was für eine gewaltige durchtringende Stimme R. Juda Chasid
habe, welcher den 3. April auf ihren Sabbat in der Schul gelehrt,
daß dessen und der 3 andern Juden Angesichter und Leiber so
schön und starck waren, als ob sie täglich das beste Essen und
Trinken zu sich nehmen."[4])

Der bekannte reiche Jude in Wien: Samuel Oppenheimer,
unterstützte diese „Chassidim" mit viel Geld, verschaffte ihnen

[1]) J. J. Schudt gibt in seinem Buche: Jüdische Merkwürdigkeiten,
Frankfurt a. M. 1715, II. Th., S. 58 ihre Zahl als 1300 an, P. Beer
dagegen in seinem Buche: Geschichte der Juden, Brünn 1822, schätzt
sie auf mehr als 1500.
[2]) Jakob Emden a. a. O., S. 27.
[3]) Schudt a. a. O.
[4]) ibid.

auch Reisepässe und zwei Schiffe, auf welchen sie längs der
Donau nach Konstantinopel fuhren.   Aber nur eine kleine Anzahl
schlug unter der Führung Chaim Mal'achs diesen Weg nach
Palästina ein.   Der größere Teil ging unter der Führung des
R. Jehuda Chassid über Venedig. [1])
        Die Reise war sehr beschwerlich, so daß gegen 500 Leute
auf dem Wege starben.   Der Rest langte im Jahre 1701, am
dritten Tage des Monats Cheschwan, in Jerusalem an und ließ
sich in einem eigenen Hofe nieder, den R. Jehuda Chassid für
sie gekauft hatte.   Dieser Hof führt bis heute die Bezeichnung
„Ruine des R. Jehuda Chassid". [2])
        Nicht nur die Juden in Polen, sondern die aller anderen
Länder, blickten auf diese Reise wie auf den Anfang der Erlösung.   Sie erwarteten hoffnungsvoll die Berichte von derselben.
Schudt erzählt, die Frankfurter Juden jener Zeit seien zu ihm
gekommen, um ihm zu erzählen, daß sie demnächst Frankfurt
verlassen und nach Palästina gehen werden, weil die Erlösung
nahe sei.   Aber nicht lange dauerte die Freude der Juden.   Drei
Tage nach ihrer Ankunft in Jerusalem starb ihr Anführer R. Jehuda
Chassid und die Chassidim blieben wie eine führerlose Herde
zurück.   Bald verspürten sie Mangel und Not, denn die Juden
in Jerusalem waren nicht in der Lage, eine so große Gemeinde
zu unterstützen, zumal sie selbst in großer Not und nur mit
Hilfe der aus dem Auslande kommenden Gelder lebten.   Es
begann also eine schwere Zeit für die Chassidim und sie zer-
streuten sich nach allen Richtungen.   Beinahe 100 von ihnen
traten zum Islam über und blieben in der Türkei.   Viele kehrten
nach Europa zurück und auch von diesen nahmen einige in
Deutschland den christlichen Glauben an. [3])
        In Jerusalem blieben einige „Chassidim" mit Chaim Mal'ach
zurück. Dieser lehrte wieder den Sabbatianischen Glauben. Er verkündete, daß in Sabbatai Zewi Göttliches und Menschliches vereint sei und daß er die Juden erlösen werde.   Er schuf aus
Holz ein Bildnis des Sabbatai Zewi, und die Chassidim „tanzten
mit diesem Bilde in der Hand im Bethause und sangen Lobes-
lieder." [4])   Chaim Mal'ach hat, wie es scheint, auch die anderen
Juden in Jerusalem beeinflußt, und selbst in den anderen Städten
der Türkei warb er Anhänger für den Sabbatianischen Glauben.
Die Rabbinen in Konstantinopel traten gegen ihn mit Bannformeln

[1]) a. a. O., S. 63.
[2]) J. Schwarz: Th'wuath ha-Arez II. Th , S. 45.
[3]) P. Beer a. a. O., S. 299.
[4]) Jakob Emden a. a. O.

auf, und er war gezwungen, die Türkei zu verlassen und nach Polen zu gehen, wo die „Chassidim" Wurzel gefaßt hatten. Dort starb er um das Jahr 1720. Der Rest der in Jerusalem zurückgebliebenen „Chassidim" schickte jedesmal Boten ins Ausland, um Geld für die Unterstützung der Leute zu sammeln. Allmählich zerstreute sich auch dieser kleine Ueberrest, bis nichts mehr von ihnen geblieben ist.

IX.

Die Regierungszeit der sächsischen Könige in Polen: August II. und August III. (1697—1763) und der folgenden bildet die düsterste Epoche für die Geschichte der Juden in Polen. Die zerrütteten Verhältnisse im Reiche erreichten zu jener Zeit ihren Höhepunkt. Das ganze Land war von Zank und Hader durchsetzt. Die Juden waren jedes Schutzes beraubt und von allen Seiten den gehässigsten Angriffen ausgesetzt. Die Regierung betrachtete sie bloß als Steuerträger und legte ihnen nebst den herrschenden Kriegsabgaben auch fortwährend erhöhte Steuern auf. [1] Sie entzogen den Juden alle größeren Unternehmungen, die Verarbeitung der Metallwerke, die Salzpachtung, die Pachtung von Zoll und Steuern, den Ankauf von Boden und die Ansiedlung in den Dörfern. (Die Juden durften bloß in den Gütern der Adeligen gewisse Erwerbszweige pachten). Dieser Umstand schränkte die Juden in der Ausübung von Handel und Gewerbe bedeutend ein. Sie wurden von der größeren Fabrikation zum Kleinhandel zurückgedrängt. Sie waren auf die Pachtung von Gasthäusern und Hotels in den Besitzungen der Adeligen, auf das einfache Handwerk und das schändliche Maklerwesen angewiesen. Die Adeligen und die anderen Herren, die Jesuitenzöglinge waren, schauten mit Verachtung auf den schändlichen Judenerwerb herab, obwohl sie ihn selbst so für die Juden bestimmt hatten. Jeder Jude bildete die Zielscheibe des Spottes für seinen Herrn, denn er wurde als ein niedriger Sklave angesehen. Die Adeligen versuchten auch, „ihre" Juden gesetzlich

---

[1] Laut Beschluß des Landtages (Sejm) vom Jahre 1717 wurde eine allgemeine jährliche Kopfsteuer für die Juden in Polen und Lithauen in der Höhe von 280000 Gulden festgesetzt. Und im Jahre 1764 bestimmte der Sejm eine Steuer von 2 Gulden für jeden Juden, so daß sich die Kopfsteuersumme auf 1194898 Gulden erhöhte. Im Laufe von 47 Jahren vermehrten sich also die Steuern der Juden um das Vierfache oder noch mehr, während ihre wirtschaftliche Lage sich fortwährend verschlimmerte.

sich völlig unterwürfig zu machen. In der Sejm-Session des
Jahres 1740 beantragten mehrere Abgeordnete, daß die auf dem
Boden der Adeligen angesiedelten Juden als Subjecti hereditali,
d. h. als erbliches Eigentum betrachtet werden.[1]) Dieser abnorme
Antrag wurde nicht angenommen, nicht etwa aus dem Grunde,
weil er ein Verstoß gegen das Recht war, sondern weil die
Regierung befürchtete, die Juden würden sich in der Eigenschaft
von Herrenknechten jeder Steuerleistung entziehen.

Allein wenn auch nicht gesetzlich, so war der Dorfjude de
facto ein untertäniger Knecht seines Herrn. Wir wollen aus der
großen Menge von Dokumenten, welche unsere Angaben deutlich
bestätigen würden, nur eines herausgreifen, welches, in zwang-
losem Gespräche gehalten, ganz genau das Verhältnis des polnischen Adeligen zu „seinem Juden" im XVIII. Jahrhundert
beleuchtet. Es ist ein Bruchstück aus dem Tagebuche eines
polnischen mittelmäßigen Gutsbesitzers in Wolhynien, aus der
zweiten Hälfte des XVIII. Jahrhunderts.[2]) 5. J a n u a r. Der
Pächter Hirschko hat 91 Thaler für den bereits verflossenen
Zahlungstermin noch nicht an mich erlegt. Ich war zu Zwangs-
forderungen genötigt. Laut Pachtvertrag bin ich berechtigt, im
Falle der nicht pünktlichen Bezahlung ihn und seine Familie so
lange in Haft zu halten, bis er den Schuldbetrag erlegt. Gestern
ließ ich ihn in Fesseln legen und in den Schweinestall einsperren,
seine Frau aber und seine „Jungen" beließ ich im Gasthause.
Nur seinen jüngsten Sohn, den „Leisia" ließ ich zu mir ins
Haus nehmen, um ihn in den Grundbegriffen unserer Religion
und unseres Glaubens unterrichten zu lassen. Der Junge hat
sehr gute Fähigkeiten. Ich habe die Absicht ihn taufen zu lassen
und schrieb schon darüber an den Bischof. Dieser versprach
mir, zur Taufe und zur seelischen Vorbereitung des Knaben zu
kommen. „Leisia" wollte sich anfangs nicht bekreuzen und auch
nicht unsere Gebete verrichten; aber Strilizki (der Gutsverwalter)
hat ihn durch Schläge bestraft. Heute hat er schon Schweine-
fleisch gegessen. Der Pfarrer unserer Kirche Bonifati, von der
Vereinigung „Minorum de observantia", ein fähiger Mönch, hat

---

[1]) W. Smolenski: Stan i sprawa zydow polskich w XVIII wieku,
S. 26, Warszawa 1876.
[2]) Raskazy o polskoj starynie. Aufzeichnungen aus dem XVIII.
Jahrhundert von Jan Duclan Ochoski aus seinem handschriftlichen
Nachlaß herausgegeben von Krasibsky (russische Uebersetzung in zwei
Bänden, Petersburg 1874). Das zitierte Bruchstück ist dem Tagebuch
des Vaters des Verfassers der Aufzeichnungen entnommen und im
Jahre 1774 geschrieben. Zitiert nach S. Dubnow in seiner Abhandlung:
„Mebo le-Toldoth ha-Chassiduth".

sich im Schweiße seines Angesichts bemüht, den Starrsinn des Kindes zu brechen und es in unseren Bund zu bringen."[1])

Drei Wochen später sehen wir im Tagebuche aufgezeichnet, daß sein amerikanisches Schwein Junge bekommen hat und daß er sie zum Geburtstage seines Schwagers schlachten wolle. Einen Tag nach dieser guten Nachricht finden wir folgende Aufzeichnung:

„Es kamen Juden aus Berditschew, bezahlten die Schuld des Hirschko — den Betrag von 91 Thalern und brachten zum Geschenk einen Hut Zucker und zehn Pfund schlechten Kaffee. Ich befahl, daß man den Hirschko frei lasse, aber seinen Sohn wollte ich bei mir behalten, weil er nahe daran ist, in den katholischen Glaubensbund einzutreten. Ich gab ihn frei, weil sie (die Juden) mich so eindringlich darum gebeten haben, allein ich bin überzeugt, daß Leisia am Ende doch in meine Hände kommen und ein Christ werden wird, da ich sicher bin, daß der Jude wieder einmal nicht zur Zeit bezahlen wird. Man muß warten bis zum 24. März."[2])

Dieses Dokument charakterisiert deutlich das Verhältnis zwischen dem Herrn und „seinem Juden". Der Adelige übte eine unbegrenzte Herrschaft über den Juden und dessen Familie aus, ohne irgend eine Bestrafung zu fürchten. Es wird vom Beamten der Stadt Kaniow erzählt, daß er, um seinem Nachbarn, einem Gutsbesitzer, Schadenersatz für seinen getöteten Pächter zu verschaffen, eine Fuhr mit Juden anfüllen, sie bis vor das Tor des Beschädigten bringen und sie wie Kartoffelsäcke auf den Boden werfen ließ. Derselbe Beamte ersann eine andere Belustigung. Er ließ jüdische Mädchen auf die Bäume klettern und wie Vögel zwitschern. Dann schoß er auf sie aus einem Jagdgewehr, und als dann die unglücklichen Kinder verwundet vom Baume fielen, warf er ihnen unter Hohnlächeln Goldstücke zu.[3])

Nicht besser erging es dem städtischen Juden in Polen in gesellschaftlichem und ökonomischem Sinne. Ueberall stieß er auf Haß und Verachtung, in allen Kreisen der christlichen Gesellschaft. Die katholischen Priester, besonders die Jesuiten unter ihnen, ersannen allerhand Mittel, um die Juden zu erniedrigen und zu einer verachteten Sekte herabzudrücken. Sie betrieben dies mit einem solchen Eifer, daß sie eine Interpellation im Landtage vom Jahre 1720 verursacht haben. Da beklagten sich mehrere Abgeordnete darüber, daß „Feldstücke" und anderer

[1]) a. a. O, I. Bd. S. 54.
[2]) a. a. O., S. 55.
[3]) Smilianski a. a. O., S. 25—26. S. Dubnow a. a. O.

Boden in den Städten immer mehr abnehmen, weil manche
Priester, welche mehr ihr eigenes Wohl als das des Himmels
vor Augen haben, allerlei Vorwand suchen, um die Juden zu
bedrücken und ihre Vertreibung aus den Städten zu veranlassen,
wodurch sie dem Handel großen Schaden zufügen."[1])

Doch die katholische Gesellschaft verfolgte weiter ihren
Zweck. Sie wollte in Polen im XVIII. Jahrhundert dieselben
harten Gesetze hervorrufen, welche ihre Vorgänger noch in den
Zeiten des Mittelalters in Westeuropa geschaffen hatten. Die
Zusammenkunft der Priester in Leubitez im Jahre 1720 verbot
den Juden strengstens, neue Synagogen zu bauen oder die alten
zu restaurieren, und bedrohte die Uebertreter mit „priesterlicher
Gerichtsbarkeit".[2]) Nur in außerordentlichen Fällen gestatteten
sie den Bau oder die Restaurierung von Bethäusern. Sie gewährten aber solche Nachlässe nur nach besonderer Demütigung
der Bittsteller und mit vielen Einschränkungen. Man durfte nur
sehr niedrige Synagogen bauen, ganz ähnlich den gewöhnlichen
Wohnhäusern, und in großer Entfernung von den katholischen
Kirchen.[3]) Manchmal wurden auf Befehl des Bischofs alle Bethäuser seiner Stadt oder auch in seinem ganzen Sprengel geschlossen und den Juden nur gegen Entrichtung eines gewissen
Betrages an den Vorsteher der Vereinigung der Eintritt ins Bethaus gestattet. Ein Rabbiner schildert als Augenzeuge eine
solche erschütternde Szene, wie die Juden, in der Frauenabteilung
und auf den zur Synagoge führenden Stufen stehend, die herz-
zerreißende Predigt dieses Rabbiners hören, wie er bitter weinend
darüber klagt, daß die hohen Feiertage eben herannahen und die
Juden keine Stätte haben, um dort ihre Gebete verrichten zu
können.[4]) Im Jahre 1726 verbietet die Priesterversammlung den
Juden, während eines katholischen Umganges auf der Straße
zu erscheinen, christliche Knechte und Mägde zu halten, zusammen
mit Christen in einem Hofe zu wohnen und auch nicht mit
einem Christen in demselben Bade zu weilen.[5]) Die Juden
durften ihre Toten nur in später Nachtzeit begraben, und es kam
oft vor, daß die Juden im Geheimen ihre Toten bestatteten, weil

---

[1]) Smilianski a. a. O., S. 23.
[2]) Gumplowicz: Prawodawstwo polskie wzgledem Zydów S. 105,
Krakow 1867.
[3]) Birschadski: Materialy dla Istorii Jewreew. (Jewr. Bibl. VIII.
No. 43.) (S. Dubnow a. a. O.)
[4]) Mordechai aus Wilknez: Schaar ha-Melech 1816, S. 12. Siehe
Dubnow a. a. O.
[5]) Smilianski a. a. O., S. 23.

sie fürchteten, es könnte ihnen sonst ein Katholik entgegenkommen und die Leiche schänden.[1])

Die Priesterversammlung in Plotzk vom Jahre 1733 gab ihrer prinzipiellen Anschauung über die Juden in folgenden Worten Ausdruck: „Wir bedauern von Herzen, daß in unserem polnischen Sprengel, der gar kein Ketzertum und keine falsche Lehre enthält, bloß das schändliche Gott verhaßte Judentum lebt, welches sich in den Städten neben dem Christentum ausbreitet. Wir wissen, daß auch die anderen Länder unseres Reiches sowie auch andere Reiche dieses Volk in ihrer Mitte dulden. Aber all dies geschieht nur zu dem Zwecke, damit der Ueberrest Israels in den Bund (des Christentums) eintrete. Aehnlich wie ein Baumstamm wegen seiner schönen Blüte erhalten werden muß. Die Juden sollen unter uns sein, damit sie uns an die Schmerzen Jesu, unseres Herrn, erinnern, damit sie durch ihren schändlichen und ärmlichen Stand, durch ihre Unterwürfigkeit die Gerechtigkeit Gottes augenscheinlich bekunden, und schließlich sollen sie dadurch, daß sie auf der ganzen Erdkugel zerstreut sind, Zeugen jenes Glaubens sein, der ihnen so verhaßt ist."[2])

Es ist also kein Wunder, daß die katholische Vereinigung, von einer derartigen Anschauung ausgehend, alle Mittel aufgeboten hat, um den Juden das Leben zu erschweren. Die Priester suchten durch alle Arten mittelalterlicher Verhetzung Haß gegen die Juden zu erregen. An erster Stelle stand die „Blutbeschuldigung". Der Pole Zaluski zählt ungefähr 20 Prozesse wegen „Blutbeschuldigung" in den Jahren 1700—1760. Unter diesen waren besonders schwer und am meisten bekannt: der mehrere Jahre sich hinziehende Blutbeschuldigungs-Prozeß in Sandomierz (begonnen 1710), dann die Prozesse in Schitomir (1753) und in Wislawez (1760). Im Schitomirer Prozeß waren 24 Juden der Ermordung eines vierjährigen christlichen Knaben, namens Studzinski angeklagt. Unter schrecklichen Folterqualen bekannten sie sich zu einem Verbrechen, welches sie nicht begangen hatten, und wurden verurteilt. Von elf Delinquenten riß man bei lebendigem Leibe die Haut ab. Der Rest entzog sich der Vollstreckung des Todesurteiles durch die Taufe.[3]) Die Priester verbreiteten dann das Bild des vermeintlich ermordeten Knaben Studzinski im ganzen Kreise, indem sie es als ein von Nadeln durchstochenes Opfer darstellten und so Haß gegen die Juden erregten. Im Prozeß von Wislawez im Chelmer Sprengel

---

[1]) ibidem.
[2]) Gumplowicz a. a. O., S. 106. (S. Dubnow a. a. O.)
[3]) Smilianski a. a. O., S. 31—32.

beschuldigte man die ganze jüdische Gemeinde, daß sie ein christliches Kind zu rituellen Zwecken ermordet habe. Sie sollte dem Opfer das Blut abgezapft haben, um es „für die Osterbrode" zu gebrauchen. Die Rabbinen und Vorsteher der Gemeinde wurden vor das Gericht zitiert. Einer der beschuldigten Rabbinen erdrosselte sich selbst im Gefängnis. Die übrigen vier Beschuldigten (2 Rabbinen und 2 Vorsteher) wurden dazu verurteilt, in Stücke zerschnitten zu werden. Doch vor der Vollstreckung des Urteils beredeten sie die Priester zur Taufe und versprachen ihnen, das Urteil zu mildern. Die armen, durch die vielen Folterqualen ihres Verstandes beraubten Opfer willigten ein. Die Milderung des Urteils bestand darin, daß man ihnen zuerst die Köpfe abhauen und erst nachher sie in Stücke schneiden ließ.[1] Die Juden in Polen waren durch diese Inquisitionsprozesse derart erschüttert, daß sie eine Deputation an den Papst nach Rom schickten, um ihn zu bitten, daß er die mittelalterliche Blutbeschuldigung als falsche Verleumdung erklären möge. Papst Clemens XIII. beauftragte seinen Vertreter in Warschau, derartige falsche Beschuldigungen zu bekämpfen. Auch König August III. bestätigte im Jahre 1763 die alten Erlässe der früheren Könige, durch welche die Juden gegen die Blutbeschuldigung geschützt werden sollten.[2] Allein es nützte nichts. Die eifervollen Priester vermochten diese unwürdige Beschuldigung: das „Blutmärchen" im polnischen Volke derart zu verbreiten, daß alle Klassen, die Gebildeten wie der Pöbel, davon überzeugt wurden.

———

Es darf uns daher nicht in Erstaunen setzen, daß die Juden in Polen, da sie sich in solch untröstlichen Verhältnissen befanden, eine Erlösung durch Wunder erwarteten. Allmählich bildete sich bei ihnen die Ueberzeugung heraus, daß sie nur durch irgend ein Wunder aus ihrer verzweifelten Lage befreit werden können. Der Glaube gewährte ihnen Trost und stärkte ihre Hoffnung. Obgleich ihre traurigen Erfahrungen mit den „Sabbatianern" und „Chassidim", welche alle den Messias zu bringen versuchten, nicht verheißungsvoll waren, so hielten die Anhänger des „Sabbatai Zewi" noch unerschütterlich fest daran, daß Sabbatai in kurzer Zeit erscheinen und ihrem Leiden ein Ende bereiten werde. Es entstanden viele geheime Gesellschaften

[1] S. Dubnow a. a. O.
[2] vgl. Sternberg: Geschichte der Juden in Polen 1878. Anhang S. 175 u. S. Dubnow. Wseob. Istor. Jewreew III., 293—297 u. a. a. O.

in Polen, welche im Volksmunde „Sabbatianer" (Schabse-Zwinikes) hießen. Unter ihnen waren Rabbinen, Prediger und Kabbalisten. Es gab unter ihnen solche, welche den 9. Ab feierten, weil an diesem Tage Sabbatai Zewi geboren war, und es gab auch „eifrige Befolger der Thora".[1]) Im Jahre 1722 belegte die Rabbiner-Versammlung in Lemberg alle Anhänger des Sabbatai Zewi mit dem Banne. Im Jahre 1725 wiederholten die Rabbinen diesen Bann, und dies bewirkte, daß sehr viele reuevoll umkehrten. Allein völlig vernichten konnte man den Glauben nicht durch den Bann, weil die schreckliche Lage der Juden es mit sich brachte, daß viele arme Juden an Wunder sich klammerten. So blieb noch eine Anzahl Anhänger des Sabbatai Zewi zurück, welche aber aus Furcht vor dem Groll und Bann der Rabbinen sich in Verborgenheit aufhielten. Im Geheimen warben sie noch andere Anhänger und verbreiteten sich über viele Städte Polens und Podoliens. Selbst die Lehrhäuser hatten viele Thorah-Studierende, die zugleich an Sabbatai Zewi, an seiner Lehre festhielten. Sie verachteten den Talmud und stießen das praktische Judentum von sich. Allein allen diesen Leuten fehlte ein geeigneter Führer und Leiter, der sie unter einer Fahne hätte zusammenhalten können. Bald fand sich auch dieser Mann. Dann entstand eine mächtige Volksbewegung, welche die jüdische Gemeinschaft in Polen aufgerüttelt und in kurzer Zeit in schreckliche Erregung und wieder in Resignation versetzt hat. Jener Mann, welcher Führer der Sabbatianer in Polen wurde, war Jakob Frank.

X.

Jakob Frank ist um das Jahr 1726 in einer kleinen Stadt Podoliens geboren. Sein Vater war Rabbiner oder Prediger und wurde, weil man ihn des Sabbatanismus geziehen hat, mit seiner ganzen Familie aus dem Städtchen gewiesen. Darauf ließ er sich in der Walachei nieder. Dort war der junge Frank zuerst Diener bei einem jüdischen Kaufmanne, nachher wurde er ein herumziehender Hausierer. Er durchwanderte so die Städte und die Dörfer, bis er in die Türkei kam. Dort hielt er sich lange Zeit in Saloniki auf, wo er wahrscheinlich die Bezeichnung Frenk erhielt — so nannte man im Osten jeden, der aus Europa kam. — In der Zeit von 1752 bis 1755 weilte er teils in Smyrna, teils in Saloniki, wo er mit Sabbatianern, die bereits zum Islam übergetreten waren, in Verbindung trat. Hier kam er auf die Idee, nach Polen zurückzugehen und sich an die Spitze der geheimen

---

[1]) Jakob Emden a. a. O.

Sabbatianer zu stellen. So ging er im Jahre 1755 nach Podolien und vereinigte sich dort mit den Sabbatianern. Er berief sie von Zeit zu Zeit zu geheimen Versammlungen und enthüllte ihnen die vom Osten überbrachten Geheimnisse. Alle glaubten ihm und schlossen sich ihm enger an, so daß sie sich bald selbst als „Frankisten" bezeichneten.

Unter Frank und seinem Anhang begann nun die Saat zu reifen, welche Mordechai Aschkenasi [1]) ausgestreut hatte: nämlich der Versuch, die Sabbatianer mit dem Christentum zu vereinigen. Von Frank beeinflußt, gingen einige Frankisten zum Bischof Dembowski in Kamieniec Podolski und erklärten ihm unumwunden, daß ihre Sekte an die „Dreieinigkeit" glaube, wozu das Eine gehört, daß Sabbatai Zewi der Messias sei. Sie verachteten den Talmud und nannten sich deshalb „Contratalmudisten", sie verherrlichten den Sohar, weshalb sie die Bezeichnung „Soharisten" führen. Sie seien also die echten Juden, die anderen Juden, welche an den Talmud glauben, seien moralisch ganz verdorben. Diese gebrauchten Christenblut zu rituellen Zwecken, die Talmudisten betrachteten überhaupt den Mord an einem Christen als große, gebotene Tat.

Der Bischof Dembowski, der die Juden auch ohnehin gründlich haßte und noch einige Jahre vorher, da er Bürgermeister in Kamieniec gewesen war, alle Juden aus jener Stadt an einem Tage vertreiben wollte, war über diese Erklärung höchst erfreut. Da boten sich ihm einerseits viele Juden, darunter manche Rabbinen, welche selbst den Talmud verleugneten und sich seiner Gemeinschaft näherten, so daß es ihm möglich schien, sie bald in gute Katholiken umzuwandeln. Andererseits hatte er jetzt den besten Vorwand, die Juden zu verfolgen. Er unterstützte daher die Frankisten und schützte sie namentlich vor den Verfolgungen seitens der Juden. Jetzt wurden die Frankisten die Verfolger, statt daß sie bis nun die Verfolgten gewesen waren. Im Jahre 1757 überreichten die Frankisten an Dembowsk ein Gesuch, daß er die Talmudisten zu einer Disputation bestimmen möge. Da sollten die Geistlichen und die Fürsten dann von der Wahrhaftigkeit ihrer Glaubensgenossen, ihrem Glauben an die Dreieinigkeit, die sie aus der Thorah und dem Sohar beweisen wollten, überzeugt werden. Sie würden auch beweisen, daß der Talmud ein verderbenbringendes Buch sei. Der Bischof Dembowski freute sich sehr über diesen Vorschlag und willigte sofort ein. Außerdem übernahm es einer der frankistischen

[1]) Siehe oben Kapitel VI.

Rabbinen, die Hauptdogmen ihrer Sekte zusammenzustellen. Er faßte sie in folgende neun:

1. Der wahre Israelit soll nicht bloß Gott lieben und verehren, sondern auch trachten, Sein innerstes Wesen zu erforschen und zu erkennen.

2. Die Thorah und die Propheten haben zwar den Zweck, das wahre Wesen Gottes zu offenbaren, aber sie sind so voll von Dunkelheiten und Mysterien, daß, um sie zu verstehen, ein tiefer Blick und eine Begnadigung von oben nötig sei.

3. Der Talmud will zwar auch Thorah und Propheten auslegen, allein er sei voll von Abgeschmacktheit, Lügen und Widersinn gegen die Thorah selbst. Er verpflichte seine Anhänger geradezu, solche, die an Christus glauben, nicht bloß zu betrügen, sondern auch umzubringen. Sie dagegen hätten eine andere Auslegungsquelle, den Sohar, der ihnen die Mysterien Gottes eröffne.

4. Sie, die Frankisten, glauben zwar an einen einzigen Gott und Weltschöpfer, der die Vorsehung über das Größte und Kleinste ausdehne; aber

5. sie glauben auch, daß dieser Gott aus drei Personen (Parzufin, eig. Antlitze) bestehe; darauf weisen eben die Mysterien der heiligen Schrift hin, und der Sohar spreche es mit deutlichen Worten aus. „Warum, so fragen wir euch, ihr Juden, warum glaubt ihr nicht an die Dreieinigkeit, da doch die heilige Schrift und der Sohar voll davon sind?"

6. „Wir glauben ferner, daß Gott in einen Leib eingegangen ist, gegessen, getrunken, geschlafen und sich an den Bedürfnissen gleich den übrigen Menschen befriedigt habe, nur das alles ohne Sünde."

7. Sie glauben, daß Jerusalem nimmermehr erbaut werden würde.

8. Der Messias werde nicht eintreffen, um die Erlösung Israels herbeizuführen, sondern er werde im Fleische wieder erscheinen, um die Seelen von der Sünde zu erlösen.

9. Gott selbst werde den Fluch über die ersten Erzeuger und in ihnen über die ganze Nation aufheben, und das würde eben der wahre Messias, Gott im Himmel sein. [1]

Alle diese Ausführungen verbreiteten sie unter dem Volke in hebräischer und polnischer Sprache. Die Frankisten standen jetzt als Rächer gegen die Juden auf, weil sie bis dahin von ihnen verfolgt worden waren. Sie erwarteten mit Zuversicht den

---

[1] Graetz: Frank und die Frankisten, S. 35—36.

Tag der Disputation, da sie sich von vornherein als Sieger
wußten. Stand doch der Bischof Dembowski auf ihrer Seite.
Und so geschah es auch. Der Bischof beauftragte sofort
die Juden, aus ihrer Mitte Delegierte nach Kamieniec zur Disputation zu schicken. Für den Fall, daß sie sich weigern sollten,
drohte er mit strengen Strafen und mit der Verbrennung des
Talmuds. Vergebens klagten die Juden über solch unerhörte
Verhältnisse. Sie suchten auch vergebens den Schutz irgend
eines Fürsten. Sie waren gezwungen, Delegierte zur Disputation
oder eigentlich zur Beantwortung der Ausführungen ihrer Feinde
abzusenden. Nur wenige Rabbinen fanden sich am festgesetzten
Tage zur Disputation ein. Und selbst die erschienenen Rabbinen
beherrschten weder die Landessprache (polnisch) noch waren sie
wissenschaftlich gebildet, und ihre Antworten waren daher von unter-
geordnetem Werte und nicht wissenschaftlich gehalten. Inzwischen
starb der Erzbischof in Lemberg und Dembowski wurde zum Stellvertreter ernannt. Dieser alte Judenfeind fällte nun am 14. Ok-
tober 1757 folgendes Urteil: Die talmudfeindlichen Juden haben
in den Tagen der Disputation die Talmudisten besiegt und sind
letztere verpflichtet, die Talmudgegner, d. h. die Frankisten durch
5000 polnische Gulden für den früheren Ueberfall zu entschädigen.
Ueberdies müssen die Talmudisten strafweise die Summe von
150 Gold-Dukaten zur Restaurierung der katholischen Kirche in
Kamieniec entrichten. Dann durchstreiften die Frankisten über
Anordnung Dembowskis alle Städte des Reiches und rafften mit
Hilfe von Wachorganen und Geistlichen alle Talmudbücher und
die der späteren Kommentatoren zusammen, brachten sie nach
Kamieniec und verbrannten sie auf offener Straße. Ganze Haufen
von Frankisten drangen in die Lehrhäuser und in die Häuser
der Rabbinen ein, entrissen ihnen mit Gewalt alle Talmudexemplare
und rabbinischen Bücher, um sie auf den Scheiterhaufen zu bringen.
Ungefähr tausend Talmudexemplare wurden damals in Kamieniec
verbrannt, nachdem sie vorher, um die Schande zu steigern, an
Roßschweife gebunden wurden.[1] Alle Bemühungen der Juden
bei der Zentralregierung in Warschau um Hilfe waren erfolglos.
Der Einfluß Dembowski's war eben zu groß, und er konnte
nach Herzenslust verfahren.

Doch der plötzliche Tod Dembowski's führte eine völlige
Umwälzung herbei. Die Talmudverfolgung wurde eingestellt und
die Talmudisten übernahmen jetzt wieder die Rolle der Verfolger.
Seither fanden die Frankisten keine Ruhe mehr in Polen und

[1] J. Emden a. a. O.

Podolien. Ueberall wurden sie von den Juden geschlagen und verwundet und ins Gefängnis geworfen.

Jakob Frank, der in der Zwischenzeit nach der Türkei geflohen war, ließ sich durch Bitten und Zureden endlich zur Rückkehr nach Podolien bewegen. Auf sein Anraten erklärten sechs seiner Genossen dem Erzbischof Lubienski in Lemberg (am 20. Februar 1759) ganz unumwunden im Namen aller ihrer Bundesbrüder, daß sie unter bestimmten Bedingungnn die Taufe zu nehmen bereit seien. In diesem offenen Schreiben, welches voll war von Wut und Haß gegen die Talmudisten, fordern sie die Juden noch einmal zur öffentlichen Disputation auf, um zu beweisen, daß sie nicht aus Unwissenheit an die Tore der katholischen Gemeinschaft klopfen, sondern weil sie die Vorzüge dieser Lehre kennen und allen ihren Gegnern, welche doch ihre Volksgenossen sind, die Augen öffnen werden. Denn weshalb sollten denn nicht auch sie das Heil der wahren katholischen Lehre erkennen?

Auf Befehl der katholischen Gemeinschaft in Lemberg, an deren Spitze der Fanatiker Mikulicz Mikulski stand, wurden die Rabbinen für den 16. Juli (1759) zur Disputation mit den Frankisten vorgeladen. Für das Nichterscheinen war eine Strafe von 1000 Talern festgesetzt. Auch die Adeligen und die Geistlichen wurden eingeladen, zahlreich zu erscheinen. Es kamen auch an jenem Tage polnische Adelige mit ihren Frauen und kauften Eintrittskarten zu hohen Preisen, weil der Ertrag für die Unterstützung der armen Frankisten bestimmt war, welche zur Taufe vorbereitet werden sollten. Am festgesetzten Tage brachte man die Rabbinen und Frankisten, deren zusammen zehn waren, in die Kathedrale in Lemberg. Die Disputationen dauerten vom 17. Juli bis zum 10. September. Diesmal verstanden es die Rabbinen, die Frankisten gehörig abzuführen und öffentlich das häßliche Lügengewebe, das ihre Anschuldigung gegen den Talmud und die Rabbinen enthielt, darzulegen. Nach Beendigung der Disputation forderte die Kirche die Frankisten zur Einlösung ihres Versprechens bezüglich der Taufe auf. Und nun begann die Taufe der Frankisten. Bloß in Lemberg nahmen in den Jahren 1759 und 1760 etwa 514 Frankisten — Männer und Frauen — die Taufe. Jakob Frank ließ sich in Warschau taufen und kein Geringerer als der König August III. war sein Taufpate. Er bekam den Taufnamen Josef.[1]

---

[1] Grätz: Frank und die Frankisten. Derselbe: Geschichte der Juden X, S. 378—394. Kraushaar: Frank i Frankisci. Dubnow: Wseob. istor. Ewreew III, S. 316—321. M. Balaban: Skizzen und Studien etc., 54—70, Berlin 1911.

Die „Frankisten" waren die letzten Sabbatianer. Durch ihre Taufe riß der letzte Faden, der sie in Podolien und Polen zusammengehalten hat.

Bevor die Sonne dieser mystischen Sekte erloschen war, erstand eine neue mystische Strömung in Polen und Podolien, welche viele Anhänger und eine gute, gefestigte Position sich erworben hat, die bis heute noch anhält: Es ist dies der Chassidismus des Bescht.

XI.

Der jüdisch-mystische Geist irrte jahrhundertelang in der Judenheit Polens, ohne das zu finden, was er gesucht hat. Jahrhundertelang versuchte er in verschiedenen geistigen Erscheinungen hervorzutreten, allein er fand noch immer nicht den geeigneten und passenden Moment. Bis er endlich im Chassidismus des Bescht, in der Person seines Schöpfers R. Israel Baal Schem Tob (abgekürzt Bescht) zum Vorschein kam.

R. Israel Baal Schem Tob ist im Jahre 1700 an der Grenze zwischen Podolien und der Walachei geboren. Seine Eltern waren sehr arm und starben bald, sodaß er noch als junges Kind elternlos zurückblieb. Es fanden sich „barmherzige" Leute, welche sich des Knaben annahmen und ihn erzogen. Man schickte ihn in das „Cheder", damit er Talmud lerne. Allein der Unterricht im Cheder behagte ihm nicht. Hin und wieder flüchtete er sich in den nahe der Stadt gelegenen Wald, wo man ihn dann oft einsam, in Gedanken versunken, fand. Schließlich jagte man ihn aus dem Cheder und seine „Wohltäter" wollten ihn nicht mehr unterstützen.

Einsam und verlassen blieb der Knabe zurück. Er trat in den Dienst eines Kinderlehrers als „Behelfer", dem es oblag, „die kleinen Kinder ins Cheder und nachher in das Bethaus" zu führen. Bald darauf wurde er Wächter im Beth-ha-Midrasch. In den Mauern des Lehrhauses, da wo er von talmudischer Atmosphäre umgeben war, wo er nur die verschiedenartigsten Disputationen um sich hatte, kam der Knabe zur Ueberzeugung, daß man auf solche Weise nicht zum Heiligtum gelangen könne. Geheimnisvoll war das Benehmen dieses Knaben. Er wußte sich das Renommee eines „Ignoranten" zu verschaffen, weil er stets sich schlafend stellte, solange die Jünger im Beth-ha-Midrasch noch wach waren; kaum gingen aber jene zur Ruhe, dann vertiefte er sich in die Lektüre von Moralbüchern und der „Schriften des R. Luria".

Als er bald zwanzig Jahre alt war, ließ er sich in Brody
nieder, wo er die Schwester des zu jener Zeit berühmten Rabbi
Gerschon Kutawer zur Frau nahm. Sein Schwager schämte sich
seiner, weil er unwissend im Talmud und seinen Erklärungen
war. Er versuchte, ihn im Talmud zu unterrichten, aber Israel
zeigte gar keine Lust zu diesen Studien. Es genierte den Rabbiner, daß sein unwissender Schwager in derselben Stadt wohnen
sollte, und er überredete ihn, die Stadt zu verlassen. Israel und
seine Frau ließen sich in einem Dorfe zwischen Kuty und Kossow
nieder. Von da wanderte er jedesmal in das nahe Karpaten-
gebirge, um dort in Einsamkeit zu leben. Er betete und vertiefte sich in Betrachtungen. Sein Erwerb bestand darin, daß
er in dem nahen Gebirgstal Lehm grub, welchen dann seine
Frau in die nächste Stadt zum Verkaufe führte.[1]) Sieben Jahre
verbrachte Israel in solcher Einsamkeit, nachher verließ er das
Dorf und siedelte sich in Tlusste in Galizien an, wo er abwechselnd
Kinderlehrer, Schächter und Vorbeter war.

Im Alter von 36 Jahren wurde er bereits „Baal-Schem".[2])
Er begann Kranke zu heilen und Gespenster zu vertreiben, wodurch er mit dem Volke in engere Berührung kam. Er hatte
auf solche Weise die Möglichkeit, seine Ansichten zu verbreiten
und dadurch eine große Umwälzung im Leben des Volkes herbeizuführen. Er wurde bald der Liebling des Volkes, welches ihn
„Baal-Schem-Tob" (Mann des guten Namens) nannte zur Unter-
scheidung von den anderen „Baale-Schem", die vor ihm und mit
ihm gleichzeitig lebten.

Allmählich wurde aus einem Arzte der Körper ein solcher
der Seelen. Er begann seine Anschauungen über Gott und über
das Verhältnis des Menschen zu ihm in ganz anderer Form zu
verbreiten, als sie das Volk früher kannte. Und sie fanden auch
mit jedem Tage mehr Anhänger.

Der Bescht gibt eine ganz andere Definition von Gott als
die Rabbinen. Nach den Erklärungen der letzteren wohnt Gott
im Himmel oben und blickt auf den Menschen unten herab.
Gott ist der Herr, und die Menschen sind seine untertänigen
Knechte, welche ihn fürchten müssen und von denen er viele
Opfer verlangt. Israel Bescht ließ Gott vom Himmel auf die
Erde herabsteigen. Er setzte ihn zwischen alle Lebewesen: „Gott
ist in dir, in jedem Lebewesen." „Es gibt keinen Ort, wo Er
nicht wäre", „Alles ist Wesen von Seinem Wesen", „Alles, oben
wie unten, bildet eine Einheit". „Während du die Welt, jedes

---

[1]) Schibche ha-Bescht S. 2, Kapust 1817.
[2]) a. a. O.

Wesen beobachtest, siehst du auch den Schöpfer, gelobt sei Er und Er beobachtet dich".[1]) Und nun entsteht die Frage: Da doch Gott als Inbegriff des Alls auch das Böse in sich enthalten muß, verliert dann nicht der erhabene Begriff Gottes als des vollkommenen Ideals an Wert? Der Bescht löst die Frage auf folgende Weise: Es gibt kein ausgesprochen Böses. Alles ist gut, und sofern das Böse das Gute verursacht, ist es eben auch gut. „Das Böse ist der Thron für das Gute." „Selbst die Sünde und der Genuß des Lüstlings verbergen einen Teil des höheren Genusses."[2])

Diese optimistische Lebensanschauung führte den Bescht zur Lebensfreude, im direkten Gegensatz zur Lehre des R. Isaak Luria.[3]) Der Bescht verbietet dem Menschen, seinen Körper zu quälen, ebenso zu weinen und sich zu betrüben. Selbst wenn der Mensch eine Sünde begangen hat, soll er nicht traurig sein. Der Mensch sei immer lebensfreudig, deshalb „soll man nicht genau nachgrübeln über jede Tat, denn der böse Trieb will nur dem Menschen Furcht einjagen, daß er etwa nicht pünktlich ein Gebot befolgt hätte, und darüber ihn in Trübsinn versetzen. Trübsinn ist aber ein großes Hindernis für den Gottesdienst." „Der heilige Geist teilt sich nicht im Trübsinn mit." „Es herrscht nur Freude, denn in Freude wird die Heiligkeit vollendet." Der Kern des Gottesdienstes ist reiner Sinn und reines Herz, reine, unverfälschte Moral und Sitte, sowie aufrichtiger Anschluß an Gott. Und dieser Anschluß muß eben so stark und mächtig sein, daß der Mensch darüber die ganze Umgebung und sein eigenes Dasein vergessen soll. Es muß Selbstverleugnung sein, „die Negierung des Bestehenden."[4])

Den Höhepunkt des Gottesdienstes erblickt der Bescht im Gebete. Das Gebet ist das geeignetste Bindemittel zwischen Gott und Mensch. Doch das Gebet muß mit Herzensandacht und mit Seelenerguß vor sich gehen. Es muß jeden bösen Gedanken, jede Nebenarbeit und jegliches materielle Interesse fern von sich halten. Rein geistig soll der Mensch beim Gebete sein. Er soll für „seine Feinde ebenso beten" wie er es für sich tut. Während des Gebetes „soll der Mensch wie aus dem Körperlichen heraus und seines Daseins auf dieser Welt nicht mehr bewußt sein." Er muß die ganze körperliche Empfindung sowie die Vorstellung von dieser Welt verlieren und nur an Gott denken

---

[1]) Kether Schem tob. 7 Zewaath ha-Ribusch 5.
[2]) Porat Joseph, Abschn. Lech. Noam Elimelech Beschalach. Ktoneth Passim. Bhaalotchah.
[3]) Vergl. Kap. IV.
[4]) Porath Joseph: Abschn. Toldoth, Zewaat ha-Ribusch.

und ganz in Gott aufgehen.[1]) Der Bescht begründet das Judentum auf das Gefühl, auf den Glauben des Herzens, und auf die
L i e b e: „Liebe zu Gott, Liebe zur Thorah und Liebe zum Volke."
Durch die Liebe erheben sich die Tiefstehenden. Die Liebe
aber muß rein und aufrichtig sein, ohne Bedingung der Ver-
geltung.[2]) Um aber dem Volke all dieses beizubringen, hat
Gott den „Zaddik" geschickt.

Der Zaddik ist die „absolute Vollkommenheit", der „Ueber-
mensch", er ist lauter Geist. Auch sein Körper ist ganz aus
Geist. Selbst seine gewöhnlichen, alltäglichen Taten sind geistig.
Er ist der Geist Gottes, ein Teil von Gott: er ist nicht von
dieser Welt.

Der „Zaddik" hat die Aufgabe: sich dem Volke anzuschließen
und es über die Wege Gottes zu belehren. Der Zaddik muß
zuweilen von seiner hohen Stufe heruntersteigen, „um die Gefallenen hinaufzuheben", um die Menge in die Höhe zu bringen.
Wie „einer, der seinen Nächsten aus Kot und Unrat heraufholen
will, zuerst selbst ganz in die Nähe von Kot und Unrat hinunter-
steigen muß".[3]) Der Zaddik, der stets in engem Anschluß mit
Gott ist, vermag auch das Volk hinaufzubringen, daß es sich
Gott anschließe.[4])

In diesem Sinne waren die Predigten gehalten, welche der
Bescht dem Volke gab. Jenem Volke, das noch zum großen
Teile unter dem Joch der Gesetze und Befehle stand, welche die
Rabbinen ihm täglich auferlegten. Jenes Volk in Polen und
Podolien, welches infolge der Fasttage und Kasteiungen, der
Trübsal und Kümmernis jedes Lebensgefühl eingebüßt hat, ward
von dieser neuen religiösen Strömung in Freuden ergriffen.
Wurden doch frische, gesunde Gefühle in ihm geweckt, welche
auf Reinheit des Herzens und des Sinnes aufgebaut waren,
religiöse Gefühle, welche nicht mehr in so großem Maße an
strikte Beobachtung von Fasttagen und Kasteiungen geknüpft
waren, die von einem großen Teile des Volkes gar nicht ein-
gehalten werden konnten. Die religiöse Strömung des Bescht
ist eine Volksströmung, an welcher das Volk sich beteiligen
konnte. Jedem war es ermöglicht, durch sie eine hohe Stufe zu
erklimmen. Es war ein mächtiger Protest gegen die versteinerte

---

[1]) Toldoth Jakob Joseph: Abschn. Waj'chi, Nassa, Kether Schem
tob 19. Zewaath ha-Ribusch 8, Vgl. S. A. Horodezky: R. Israel Baal-
Schem, Kap. 12, Berlin 1909.
[2]) Zofnath Pa'neach: Abschn. Mischpatim.
[3]) Schaare Tephila. Pilul., vgl. S. A. Horodezky a. a. O., Kap. 13.
[4]) Veg. S. A. Horodezky, „Der Zaddik" im Archiv für Religionswissenschaft, Band XVI.

Art des Rabbinismus. Diese neue religiöse Strömung überschritt aber andererseits gar nicht den Kreis des Rabbinismus. Sie trat von ihren Grundsätzen aus gar nicht gegen ihn auf, wie seinerzeit das Karäertum. Sie bekämpfte nur die vielen Gesetze des Rabbinismus, sowie seine Methode, in den Zeremonien und in den religiösen Lehren das Wichtigste zu sehen. Der Chassidismus regte die Gefühle an, das Herz, die Sehnsucht nach Mystik und Poesie im Judentum.[1]

Ungefähr zehntausend Leute scharten sich unter die Flagge des Bescht. Unter ihnen waren auch berühmte Rabbinen und Kabbalisten, welche vom Bescht beeinflußt, ihre frühere Lebensweise mit ihren Fasttagen, Kasteiungen, Disputen und peinlichen Unterscheidungen gänzlich aufgegeben haben.

Im Jahre 1760 starb der Bescht in Miedzibocz in Podolien, jener Stadt, welche er in der letzten Zeit zu seinem Aufenthalt gewählt hatte. Seine Schüler, deren Zahl 60 betrug, ließen sich an verschiedenen Orten in Polen, Galizien und Podolien nieder, wo sie viele Anhänger dem Chassidismus warben.

Die Rabbinen sahen in dieser neuen Bewegung mit Recht eine große Gefahr für ihre bis dahin unbegrenzte Herrschaft und rüsteten sich zu ihrer Bekämpfung. Zweimal erließen sie einen „Bann" gegen den Chassidismus und die Chassidim, in den Jahren 1772 und 1782. Seit jener Zeit bekamen die Rabbinen und ihr Anhang die Bezeichnung „Mitnagdim" (Gegner). Aber es nützte nichts. Die Zahl der Chassidim vermehrte sich mit jedem Tage, und es geschieht dies noch bis heute, besonders in Polen, Galizien, Podolien, Wolhynien, im Kiewer Gouvernement, in Bessarabien und in Rumänien.

---

[1] Siehe S. A. Horodezky: Zwei Richtungen im Judentum. Kap. 6 im Archiv für Religionswissenschaft. Band XV.

Literatur.

A. Aschkenasi: Zaar bat Rabbim. Krakau 1888.

J. Baal Schem: Kether Schem tob. Lemberg 1858.

„ „ „ Zewaat ha-Ribusch. Lemberg 1865.

P. Beer: Geschichte der Juden etc. Brünn 1822.

J. Chiquitilla: Schaare Orah. Krakau 1600.

J. Delmedigo: Elim. Amsterdam 1629.

Ch. Dembitzer: Klilot Jofi. Krakau 1893.

J. Dubnow: Wseob. Istor. Jewreew. Petersburg 1906.

J. Emden: Thorath ha-Kanaoth. Odessa 1870.

H. Graetz: Geschichte der Juden. Leipzig 1891.

„ „ Frank und die Frankisten. Breslau 1868.

J. Hakohen: Toldoth Jakob Joseph. Warschau 1889.

„ „ Porath Joseph. Petrokow 1883.

„ „ Zofnath Paneach. Petrokow 1883.

„ „ Ktoneth Passim. Lemberg 1866.

N. Hannover: Jewen mezulah. Venedig 1655.

T. ha-Rophe: Maasseh Tobiah. Jeßnitz 1721.

S. A. Horodezky: L'koroth hachassiduth. Berditschew 1906.

„ „ „ R. Israel Baal-schem. Berlin 1909.

„ „ „ L'koroth harabanuth. Warschau 1911.

„ „ „ R. Nachmann von Brazlaw. Berlin 1910.

M. Horowitz: Frankfurter Rabbiner. Frankfurt a. M. 1882.

A. Hurwitz: Emek Brachah. Amsterdam 1729.

J. Hurwitz: Schne Luchoth ha-Brit. Amsterdam 1698.

„ „ Schaar ha-Schomajim. Amsterdam 1792.

Sch. Hurwitz: Wawej ha-Amudim. (zusammengedruckt mit dem
Buche Schne Luchoth ha-Brit.)

M. Isserls: Responsen. Hamburg 1710.

M. Isserls: Thorath ha Olah. Lemberg 1858.
H. Kaidenower: Kab ha-Jaschar. Lublin 1898.
E. Landshut: Amude ha-Abodah. Berlin 1857.
M. Lublin: Responsen. Sudilkow 1839.
S. Luria: Responsen. Lublin 1622.
E. Measmir: Schebet mussar. Sulzbach 1761.
S. Ostropoler: Don Jadin. (Komm. z. B. Karnajim Sitomir 1865).
„   „   Lekute Schoschanim. Minkowitsch 1902.
P. Peses: Atereth Halewjim. Warschau 1911.
J. Perles: Geschichte der Juden in Posen. Breslau 1865.
S. Rabinowitz: Dibre jeme Jisrael. Warschau 1899.
J. Sirkis: Responsen. Korez 1785.
N. Schapiro: Megaleh Amukoth W'etchanan. Lemberg 1800.
„   „   Megaleh Amukoth al ha-Thorah. Krakau 1895.
J. Schudt: Jüdische Merkwürdigkeiten. Frankfurt a. M. 1715.
Ch. Vital: Sepher ha-Gilgulim. Zolkiew 1796.
„   „   Ez Chajim. Korez 1785.
„   „   Schebachim. Ostrowo 1827.
J. Zemach: Nagid Um'zaweh. Amsterdam 1712.

Druck von Karl Baßler, Einsiedel-Chemnitz.

JEWISH PHILOSOPHY, MYSTICISM AND THE HISTORY OF IDEAS
Classics of Continental Thought

An Arno Press Collection

Abrahams, Israel. THE BOOK OF DELIGHT AND OTHER PAPERS. 1912

Aptowitzer, V., and A.Z. Schwarz, eds. ABHANDLUNGEN ZUR ERINNERUNG AN HIRSCH PEREZ CHAJES. 1933

Bacher, Wilhelm. ABRAHAM IBN ESRA ALS GRAMMATIKER. 1882

Berliner, A[braham]. AUS DEM LEBEN DER DEUTSCHEN JUDEN IM MITTELALTER. 1900

Brann, M., and I. Elbogen. FESTSCHRIFT ZU ISRAEL LEWY'S SIEBZIGSTEM GEBURTSTAG. 1911

Brann, M., and F. Rosenthal. GEDENKBUCH ZUR ERINNERUNG AN DAVID KAUFMANN. 1900

Cohen, Boaz, ed. SAADIA ANNIVERSARY VOLUME. 1943

Cohen, Hermann. HERMANN COHENS JÜDISCHE SCHRIFTEN. Three vols. 1924

Elbogen, I., B. Kellermann, and E. Mittwoch, eds. JUDAICA FESTSCHRIFT ZU HERMANN COHENS SIEBZIGSTEM GEBURTSTAGE. 1912

Eppenstein, Simon, Meier Hildesheimer, and Joseph Wohlgemuth, eds. FESTSCHRIFT ZUM SIEBZIGSTEN GEBURTSTAG DAVID HOFF-MANN'S. Three vols. 1914

Finkelstein, Louis, ed. RAB SAADIA GAON. 1944

Formstecher, S[alomon]. DIE RELIGION DES GEISTES. 1841

Fraenckelscher Stiftung. FESTSCHRIFT ZUM 75 JÄHRIGEN BESTEHEN DES JÜDISCHE-THEOLOGISCHEN SEMINARS. Two vols. 1929

Freimann, A., and M. Hildesheimer, eds. FESTSCHRIFT ZUM SIEBZIGSTEN GEBURTSTAGE A. BERLINER'S. 1903

Geiger, Abraham. SALOMO GABIROL UND SEINE DICHTUNGEN. 1867

Geiger, Abraham. NACHGELASSENE SCHRIFTEN. Five vols. in three. 1875

Gesellschaft zur Förderung der Wissenschaft des Judentums. FESTSCHRIFT ZUM SIEBZIGSTEN GEBURTSTAGE JAKOB GUTTMANNS. 1915

Güdemann, Moritz. JÜDISCHE APOLOGETIK. 1906

Günzburg, D.v., and I. Markon, eds. FESTSCHRIFT ZU EHREN DES DR. A. HARKAVY. 1908

Guttmann, Jacob. DIE RELIGIONSPHILOSOPHISCHEN LEHREN DES ISAAK ABRAVANEL. 1916

Hess, Moses. JÜDISCHE SCHRIFTEN. 1905

Hirsch, Samuel. DIE RELIGIONSPHILOSOPHIE DER JUDEN. 1842

Horodezky, S[amuel] A. RELIGIÖSE STRÖMUNGEN IM JUDENTUM. 1920

Jellinek, Adolph. BEITRÄGE ZUR GESCHICHTE DER KABBALA. 1852

Joël, D[avid] H. DIE RELIGIONSPHILOSOPHIE DES SOHAR UND IHR VERHÄLTNIS ZUR ALLGEMEINEN JÜDISCHEN THEOLOGIE. 1923

Joël, M[anuel]. BEITRÄGE ZUR GESCHICHTE DER PHILOSOPHIE. 1876

Katz, Steven T., ed. SAADIAH GAON. An Original Arno Press Anthology. 1980

Katz, Steven T., ed. COLLECTED PAPERS OF JACOB GUTTMANN. An Original Arno Press Anthology. 1980

Katz, Steven T., ed. SELECTED WRITINGS OF JULIUS GUTTMANN. An Original Arno Press Anthology. 1980

Katz, Steven T., ed. STUDIES BY SAMUEL HORODEZKY. An Original Arno Press Anthology. 1980

Katz, Steven T., ed. MAIMONIDES. An Original Arno Press Anthology. 1980

Katz, Steven T., ed. MEDIEVAL JEWISH PHILOSOPHY. An Original Arno Press Anthology. 1980

Katz, Steven T., ed. JEWISH NEO-PLATONISM. An Original Arno Press Anthology. 1980

Kaufmann, David. DIE SINNE. 1884

Kaufmann, David. GESAMMELTE SCHRIFTEN. Three vols. 1908, 1910, 1915

Kaufmann, David. STUDIEN ÜBER SALOMON IBN GABIROL. 1899

Kayserling, Meyer. DIE JÜDISCHEN FRAUEN IN DER GESCHICHTE, LITERATUR UND KUNST. 1879

The Alexander Kohut Memorial Foundation. JEWISH STUDIES IN MEMORY OF ISRAEL ABRAHAMS. 1927

Krauss, Samuel, ed. FESTSCHRIFT ADOLF SCHWARZ ZUM SIEBZIGSTEN GEBURTSTAGE. 1917

Lazarus, M. DIE ETHIK DES JUDENTHUMS. Two vols. 1904, 1911

Meisl, Josef. HASKALAH. 1919

Munk, S[alomon]. MÉLANGES DE PHILOSOPHIE JUIVE ET ARABE. 1927

Neumark, David. GESCHICHTE DER JÜDISCHEN PHILOSOPHIE DES MITTELALTERS. Three vols. 1907, 1910, 1928

Philipson, David, David Neumark, and Julian Morgenstern, eds. STUDIES IN JEWISH LITERATURE ISSUED IN HONOR OF PROFESSOR KAUF-MANN KOHLER, PH.D. 1913

Rosenthal, Erwin I.J., ed. SAADYA STUDIES. 1943

Sachs, Michael. DIE RELIGIÖSE POESIE DER JUDEN IN SPANIEN. 1901

Steinheim, S[alomon] L[udwig]. DIE OFFENBARUNG. Four vols. 1835, 1856/63, 1865

Steinschneider, Moritz. GESAMMELTE SCHRIFTEN. 1925

Steinschneider, Moritz. DIE GESCHICHTSLITERATUR DER JUDEN. 1905

Zeitlin, William., ed. BIBLIOTHECA HEBRAICA POSTMENDELS-SOHNIANA. 1891-95